Gottfried Schramm (Hg.)

Das Freiburger Münster. Der »schönste Turm der Christenheit«

Kleine Freiburger Reihe
Band 2

Gottfried Schramm (Hg.)

Das Freiburger Münster. Der »schönste Turm der Christenheit«

ROMBACH VERLAG

Auf dem Umschlag: Das Freiburger Münster.
Fotografie von Manfred Sass.

Bibliografische Information Der Deutschen Bibliothek

Die Deutsche Bibliothek verzeichnet diese Publikation in der Deutschen Nationalbibliografie; detaillierte bibliografische Daten sind im Internet über <http://dnb.ddb.de> abrufbar.

Lektorin: Dr. Edelgard Spaude
Umschlaggestaltung: Rombach Druck- und Verlagshaus GmbH & Co. KG,
Freiburg im Breisgau
Satz: Layoutsatz Kendlinger, Freiburg
Herstellung: Rombach Druck- und Verlagshaus GmbH & Co. KG,
Freiburg im Breisgau
Printed in Germany
ISBN 3-7930-9429-4

Inhalt

Vorwort

Großartige gotische Kirchen gibt es viele. Aber den Freiburger Münstertum gibt es nur einmal. Jakob Burckhardt hat bewundernd auf ihn geschaut. Er soll ihn den »schönsten Turm der Christenheit« genannt haben. Bislang konnte dieses Zitat nicht definitiv belegt werden, doch nun hat der Freiburger Historiker Ernst Schulin diesen Lobpreis ausfindig machen können. Im November 1869 hielt Burckhardt in Basel zwei öffentliche Vorträge über gotische Kirchen. Er hatte sie kurz zuvor während seines Pariser Aufenthaltes konzipiert und als Würdigung der Vielfalt der deutschen und französischen gotischen Kirchen angelegt. Geendet habe Burckhardt mit einem Vergleich der Kathedralen von Basel, Straßburg und Freiburg, in dem er dem Freiburger Münster eindeutig den Vorrang einräumte mit den Worten: »Und Freiburg wird wohl der schönste Turm auf Erden bleiben«.

Unser Münster war von Anfang an eine Bürgerkirche, nicht von irgendeiner weltlichen Gewalt initiiert. Geldgeber war auch nicht die Kirche, sondern die Bürgerschaft einer Stadt, die durch den Silberbergbau im Schwarzwald reich geworden war. Diesen Reichtum hat sie – gut mittelalterlich – auch dafür eingesetzt, Gott zu loben und um den Grundgedanken der Gotik, dem Himmel näher zu kommen, über die bis dahin erprobten Maße hinaus zu verwirklichen.

Gottfried Schramm

Manfred Sass

Der Westturm des Freiburger Münsters

Eine Idee und ihre Verwirklichung

Seit nunmehr fast 700 Jahren prägt der Turm des Freiburger Münsters das Bild der Stadt. Vor den Ausläufern des Schwarzwaldes hoch aufragend, ist er Mittelpunkt der ganzen Region. Seit seiner Entstehung rühmen die Menschen die Schönheit und Harmonie seiner Gestalt. Das Jacob Burckhardt zugeschriebene Wort vom »schönsten Turm der Christenheit« haftet an ihm wie ein Beiname.

Was waren die Motive der damals gerade mal 6000 Einwohner der Stadt, sich um das Jahr 1270 ein mit seinen 116 m Höhe so gewaltiges Bauwerk zu errichten, das ihre Häuser um das Zehnfache überragte? Was hat die Menschen damals befähigt, den Plan für diesen Bau zu verwirklichen, den der Kunsthistoriker Heinrich Klotz »eine genial durchlichtete Maßwerkkonstruktion« nannte, mit welcher der Architekt »den wohl schönsten und formgeschichtlich einflußreichsten Turm der europäischen Gotik realisierte«?[1]

Damit sind die Fragen umrissen, die uns beschäftigen werden. Hierbei wird es besonders um die Gestaltungsidee des Turmes, die Gründe seiner großen ästhetischen Wirkung und nicht zuletzt auch um die bautechnische Verwirklichung gehen.

Die Gestaltungsidee

Der Turm fällt in seiner Höhe und in seinem formalen Anspruch als Teil einer Pfarrkirche in der langen Geschichte des Kir-

1 Heinrich Klotz: Geschichte der deutschen Kunst, Bd. 1, München 1998, S. 304.

chenbaus weit aus dem Rahmen. Mit einem eher bescheidenen Langhaus überragt er alle oberrheinischen Pfarrkirchen und zeichnet sich durch eine ungewöhnlich hohe architektonische Qualität aus. Das Freiburger Münster ist erst 1827 zur Bischofskirche geworden, und es verwundert, daß die Bürgerkirche einer kleinen Stadt schon so früh wie eine Kathedrale auftritt.

Wie alle Pfarrkirchen am Oberrhein besitzt sie nur einen Turm, denn zwei Türme bleiben den Bischofskirchen vorbehalten. Was sind die Gründe dafür, daß dieser Turm alles bisher Dagewesene übertraf; was mußte zusammenkommen, damit ein solch außergewöhnlicher Bau entstehen konnte?

Nach dem damaligen Verständnis stellten Kirchenbauten das Abbild des Himmlischen Jerusalems dar, steingewordene Offenbarungen, wie sie der Evangelist Johannes in seiner Apokalyptischen Vision im 21. Kapitel beschreibt:

> Ein Engel zeigte ihm die große Stadt, das heilige Jerusalem herniedergefahren aus dem Himmel von Gott, die hatte die Herrlichkeit Gottes. Und ihr Licht war gleich dem alleredelsten Stein, einem hellen Jaspis. Und sie hatte eine große und hohe Mauer und hatte zwölf Tore und auf den Toren zwölf Engel ... Und die 12 Tore waren 12 Perlen ... Und der Platz in der Stadt war reines Gold wie ein durchscheinend Glas.

Auch für Freiburg gilt sicher, daß das Hauptmotiv in der Frömmigkeit der Stadtbewohner zu suchen ist, die ihren Glauben an Gott durch einen außergewöhnlichen Bau zum Ausdruck bringen wollten.

Voraussetzung dafür waren allerdings die materiellen Grundlagen für diese gewaltige Kraftanstrengung. Der gewinnbringende Silberbergbau, eine fruchtbare Landwirtschaft und nicht zuletzt ein florierender Handel versetzten die Bürgerschaft in die Lage, eine so große Leistung zu vollbringen. Dahinter standen ein hoher Anspruch und großes Selbstbewußtsein.

Zur Verwirklichung dieser hochgesteckten Ziele wurden begabte Architekten, Baumeister, Künstler und Handwerker gebraucht, die technisch und konstruktiv in der Lage waren, ein solches Bauwerk zu realisieren. Baumeister und Steinmetzen aus Straßburg waren es, die den Stilwandel vom spätromanisch begonnenen Grundriß der ursprünglich geplanten Basilika einleiteten. Die ersten beiden Langhaus-Joche westlich des romanischen Querhauses zeigen die zunächst noch sehr unbeholfenen Einübungen in den neuen Gliederstil der Gotik. Noch lange bevor das Langhaus fertiggestellt war, begann man um 1270 mit dem Bau des Turmes, der in seinen oberen zwei Dritteln ab 1300 ganz die Handschrift der Meister des großartigen Straßburger Münsters verrät. Die Baumeister aus dem damaligen künstlerischen Zentrum am Oberrhein brachten ihre Formvorstellungen in ihre neue Wirkungsstätte mit. Dieser Umstand war den selbstbewußt gewordenen Freiburgern sicher sehr willkommen. In dem Bestreben, dem imponierenden Westwerk des Straßburger Münsters etwas Vergleichbares entgegenzusetzen, spornten sie die Baumeister des Turmoberbaus zu dieser großen Bauhöhe und vor allem zu der überragenden architektonischen Qualität an.

So ist auch zu vermuten, daß die eingezwängten zwei Fensterrosen an den Giebeln der Seitenschiffe von der großen Westrose Straßburgs herzuleiten sind. Was allerdings in Straßburg Hoheitszeichen einer Bischofskirche ist, gerät in Freiburg zu einer hilflosen formalistischen Geste an den Giebeln einer Pfarrkirche, deren Einturmfront die Anbringung eines zentralen Rundfensters nicht zuließ.

Dies alles legt den Schluß nahe, daß man in der kleineren, aber reichen rechtsrheinischen Nachbarstadt den Ehrgeiz hatte, an die überragende Qualität der großen Kathedrale heranzukommen. Ein solcher fruchtbarer Wettbewerb hat ja auch z.B. dafür gesorgt, daß die nordfranzösischen Kathedralen sich gegenseitig an Schönheit und Ideenreichtum übertrafen.

Warum aber erhebt sich der Turm in seiner oberen Hälfte zu einer schwindelnden, nie dagewesenen Höhe? Keine bauliche Notwendigkeit hat das bedingt, sondern allein der Wunsch, das

Gebilde möge als ein Zeichen, das auf Gott hinweist, hoch in den Himmel aufragen.

Die Formelemente

Der Turm des Freiburger Münsters setzt sich aus drei Teilen zusammen, die aufeinander abgestimmt sind: Der *Unterbau* bis kurz unterhalb der Sterngalerie, das *Oktogon* bis zur Galerie und der abschließende *Turmhelm* (Abb. 1).

Der Turm steht wie bei fast allen oberrheinischen Pfarrkirchen als Solitär fast frei vor dem Langhaus. Er wirkt durch seine Stellung wie ein italienischer Campanile. Lediglich die Ostwand ist aus statischen Gründen in die Westgiebel der Seitenschiffe eingebunden. Die Aussteifung Richtung Osten übernimmt das westlichste Joch des Mittelschiffs, dem man diese Aufgabe wegen seiner Unregelmäßigkeit leicht ansehen kann (Abb. 2).

Die Gefahr, daß der Turm sich verselbständigen könne, hat der Verfasser des Turmplans sicherlich erkannt. So bezieht sich die Raumbreite der Turmvorhalle im Eingang genau auf die Breite des Langhauses. Auch die vier gewaltigen, jeweils an den Ecken des Turmes angebrachten Stützpfeiler dienen neben der statischen Absicherung eines von Anfang an sehr hoch und schlank geplanten Turmbaus der Angleichung an das Volumen des Langhauses. Diese werden nach oben leicht abgetreppt und durch horizontale Wasserschlaggesimse mit dem Turmkörper verbunden.

In dem Bereich etwas unterhalb der Sterngalerie, in dem der Turm eine andere Handschrift verrät, werden die Stützpfeiler zum Oktogon hin energisch abgeschrägt. Dies ist eine formale Inkonsequenz, die allerdings dem genialen Aufriß des Turmes keinen Abbruch tut.

In dem nach oben anschließenden *Oktogon* gelingt nun etwas Neuartiges: Der Übergang vom nahezu quadratischen Turmunterbau (ca. 16,00 x 16,40 m) zum achteckigen Polygon vollzieht sich in einelnen Stufen auf eine äußerst raffinierte Weise.

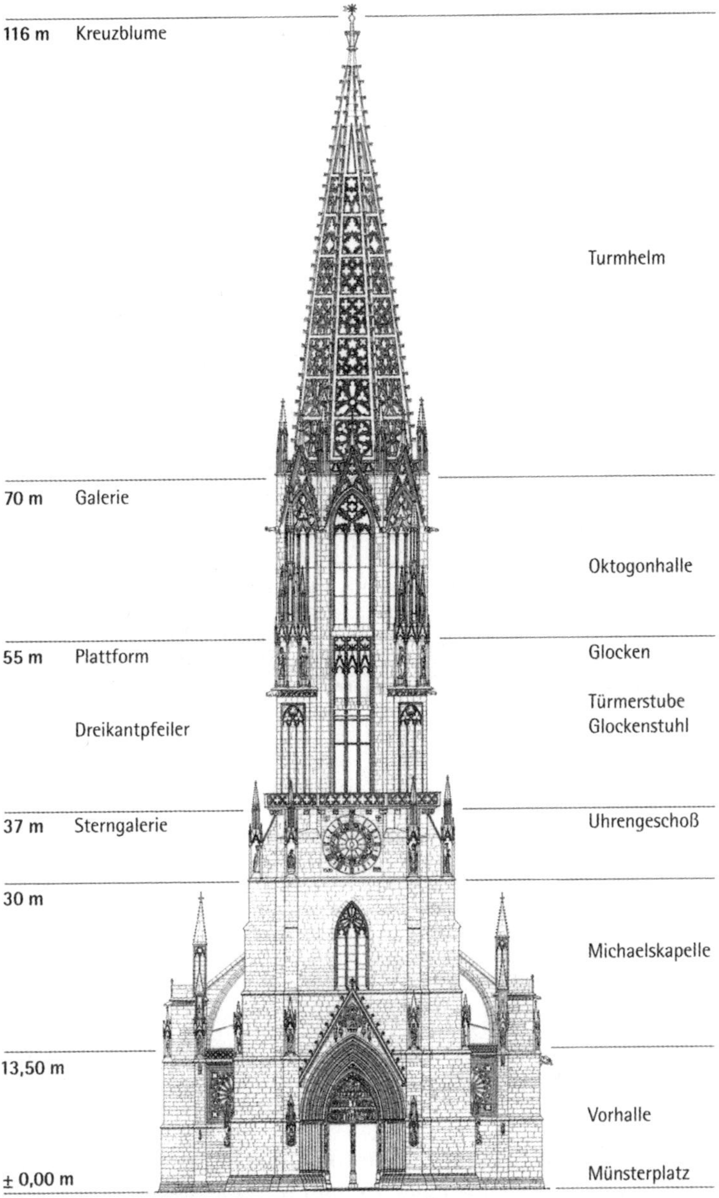

Abb. 1 Westansicht

- *Stufe 1*: Die vom Münsterplatz bis hier hochgeführten Turmecken werden spitzwinklig nach oben weitergeleitet. Diese als Dreikantpfeiler oder »Sporenpfeiler« bezeichneten Turmecken tragen Blendmaßwerke feinster Straßburger Art und sind die Basis für die 11 Prophetenfiguren mit ihren Baldachinen.
- *Stufe 2:* Im Bereich der Prophetenfiguren ist nun das Achteck geboren. Die als Fialen nach oben weitergeführten Turmecken haben sich verselbständigt. Als oberer Abschluß blasen die 4 Posaunenengel in alle vier Himmelsrichtungen ihr Lied über die Stadt und kündigen das Ende der Tage an.
- *Stufe 3:* Die Oktogonhalle hat sich zu einem eigenständigen Baukörper entwickelt. Acht Polygonfenster mit Maßwerken und Wimpergen bilden den oberen Abschluß.

Die Kunst, wie die einzelnen Baustufen miteinander überspielt und verschliffen werden, ist eine radikal neue Bauidee in einer bisher nicht erreichten architektonischen Qualität. Bis zur Plattform (55 m) stellt das Oktogon eine völlig offene, transparente Baustruktur dar, die Wind und Wetter ausgesetzt ist. Die obere Turmhälfte ist ein rein zeichenhaftes Gebilde, das nur um seiner selbst willen steil in den Himmel ragt.

Die Idee der aufgelösten Baustruktur wird durch den sich nach oben anschließenden 46 m hohen Turmhelm wortwörtlich auf die Spitze getrieben. (Die Höhe des Helms entspricht der Höhe eines 16geschossigen Hochhauses!)

Acht leicht geschwungene Gratrippen laufen nach oben bis zur Kreuzblume zusammen und werden durch sieben horizontale Ringanker zusammengehalten. Dazwischen sind stockwerksweise variierende Maßwerkelemente eingefügt, die dem Ganzen einen fast schwerelosen, orientalisch anmutenden Ausdruck verleihen (Abb. 3).

Über die Schwellung des Turmhelms gibt es unterschiedliche Auffassungen. Nach der einen ist der Grund in einem *Baufehler* zu suchen, der den Erbauern wegen der damals noch wenig entwik-

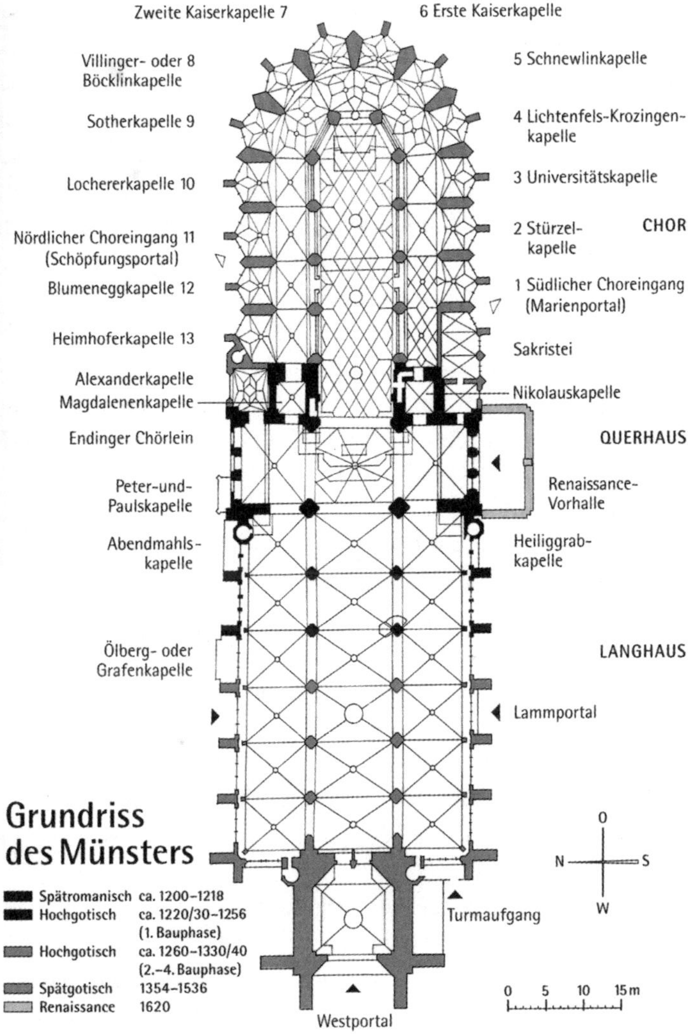

Zweite Kaiserkapelle 7
6 Erste Kaiserkapelle
Villinger- oder 8
Böcklinkapelle
5 Schnewlinkapelle
Sotherkapelle 9
4 Lichtenfels-Krozingen-
kapelle
Lochererkapelle 10
3 Universitätskapelle
Nördlicher Choreingang 11
(Schöpfungsportal)
2 Stürzel-
kapelle
CHOR
Blumeneggkapelle 12
1 Südlicher Choreingang
(Marienportal)
Heimhoferkapelle 13
Sakristei
Alexanderkapelle
Magdalenenkapelle
Nikolauskapelle
Endinger Chörlein
QUERHAUS
Peter-und-
Paulskapelle
Renaissance-
Vorhalle
Abendmahls-
kapelle
Heiliggrab-
kapelle
Ölberg- oder
Grafenkapelle
LANGHAUS
Lammportal
Grundriss
des Münsters
O
N
S
W
Spätromanisch ca. 1200–1218
Hochgotisch ca. 1220/30–1256
(1. Bauphase)
Hochgotisch ca. 1260–1330/40
(2.–4. Bauphase)
Spätgotisch 1354–1536
Renaissance 1620
Turmaufgang
0 5 10 15m
Westportal

Abb. 2

kelten Vermessungstechnik unterlaufen ist. Für andere ist die Krümmung durch das *Absacken* der einzelnen Steinlagen verursacht worden, gewissermaßen ein Mangel bei der Bauausführung. Schließlich wird in einer dritten Deutung die elegante, an organische Formen erinnernde Schwellung ähnlich wie bei der griechischen antiken Säule als eine *bewußte Entscheidung* der Baumeister interpretiert.

Wie Herbert Fritz in seiner 1926 erschienenen Dissertation[2] nachweist, sind sämtliche Lagerfugen des Turmhelms waagerecht ausgeführt und zielen nicht wie bei einem Gewölbe sich ständig verändernd auf einen gemeinsamen Punkt. Daraus zieht er den Schluß, daß der Helm ähnlich wie bei einem falschen Gewölbe aufgeführt wurde: Die obere Steinlage kragt jeweils immer etwas weiter über die untere Steinlage aus. So konnte nach seiner Auffassung der gesamte Turmhelm auch ohne inneres Gerüst aufgeführt werden.

Worin auch immer die Gründe für die Krümmung zu suchen sind, die geschwungenen Umrißlinien des Turmhelms stellen sich im Vergleich mit anderen, wie mit einem Lineal konstruierten Helmen ungleich raffinierter und spannungsreicher dar. Die zeitlich später errichteten Turmhelme der Chorflankentürme (Hahnentürme) des Freiburger Münsters weisen eine noch viel stärkere Krümmung auf. Wer wollte daraus schließen, daß man hier einen Baufehler des Westturms zum Vorbild genommen hat?

Mit seinen insgesamt 116 Metern überragt nun der Turm den First des Langhauses um 80 m, das sind mehr als zwei Drittel seiner Höhe.

Kaum um 1340 fertiggestellt, begann der Turm über sich hinaus zu wirken. Offenbar hatten die Einwohner den Eindruck, daß der gewaltige Turm in einem Mißverhältnis zu dem damals im Bereich des Querschiffs endenden Langhaus steht. Der Turm paßte nicht

2 Herbert Fritz: Der Turmhelm des Münsters zu Freiburg im Breisgau, Diss. TH Karlsruhe 1926.

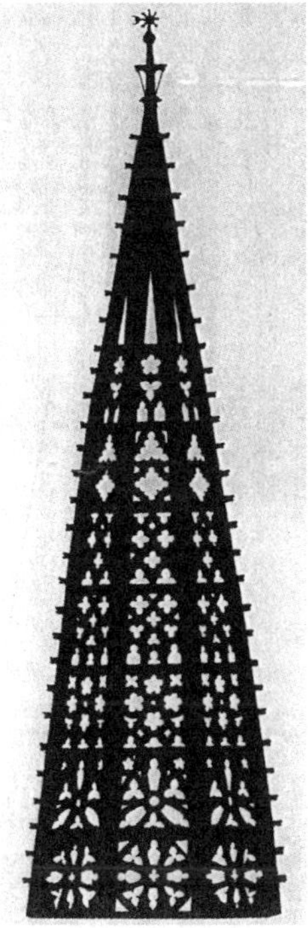

Abb. 3 Silhouette des Turmhelms

mehr zum kurzen Langhaus. Man stockte deshalb die relativ niedrigen Hahnentürme auf und verlängerte ab 1354 die Kirche durch einen großen Chorneubau (Fertigstellung ca. 1540). Damit war die Turmhöhe nahezu identisch mit dem insgesamt 120 m langen Münsterbau.

Das Konstruktionsprinzip

Pläne für den Bau des Turmes sind nicht erhalten. Baupläne, wie wir sie kennen, sind als Bauvorbereitung und -anleitung im Mittelalter nicht angefertigt worden. Eher waren es skizzenhafte Darlegungen der Konstruktionsprinzipien, vermutlich auf Holztafeln oder großflächigen Pergamentrollen aufgerissen, die verlorengegangen sind. Die Lehre von der Geometrie, einer der sieben freien Künste, schuf die Grundlage für die Entwicklung von Grund- und Aufrissen der Bauten.

Die Maßbezüge des Freiburger Turmes sind u.a. durch Heinrich Lützeler[3] und Adolf Wangart[4] aufgezeigt worden. Eines der Grundthemen der gotischen Baukunst ist die Umwandlung des Quadrats, dieses »dem erdhaft-profanen Leben verbundenen Zeichens, in das Oktogon, seit der Spätantike das Symbol erhabener (göttlicher, auch kaiserlicher) Weltenherrschaft«.[5]

3 Heinrich Lützeler: Der Turm des Freiburger Münsters, Freiburg i.Br. 1955.

4 Adolf Wangart: Das Münster zu Freiburg im Breisgau im Rechten Maß, Freiburg i.Br. 1972.

5 Günther Gillessen: »Ars sine scientia nihil est«, in: Münsterblatt, Nr. 9, 2002, S. 24.

Außerordentlich spannend ist es, die Geburt des Achtecks nachzuvollziehen und daraus die Wandstärken von Turmhalle und Oktogon zu ermitteln. Die Weiterführung der geometrischen Konstruktion ergibt folgerichtig die spitzwinklige Figur der jeweiligen Sporenpfeiler in Kongruenz mit der scheinbar willkürlich um den Turm entwickelten Sterngalerie (Abb. 4).

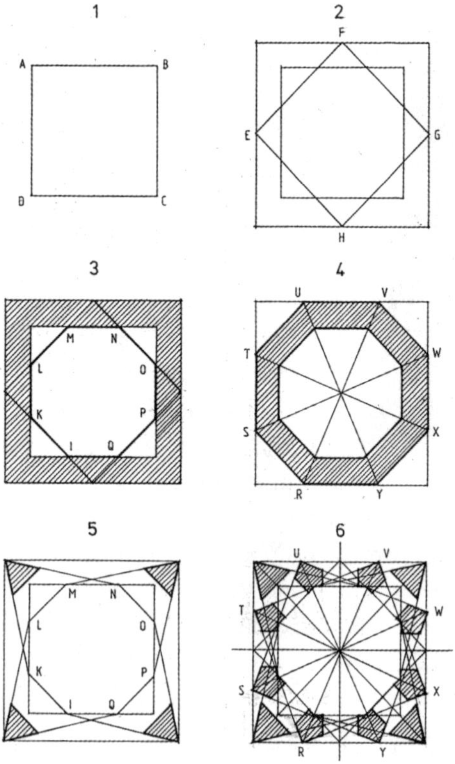

DIE ENTWICKLUNG DER TURMKONSTRUKTION
NACH HEINRICH LÜTZELER

Abb. 4

Skizzen zum Konstruktionsprinzip (Abb. 4)

1. Die Innenmaße der Turmvohalle bilden ein Quadrat, dessen Seitenlänge der Breite des Mittelschiffs entspricht. A – B – C – D.
2. Durch Drehung des Quadrats um 90° und die Verbindung der Eckpunkte E – F – G – H entsteht ein größeres Quadrat, das der Außenwand des Turmunterbaus entspricht.
3. Die Verbindung der Schnittpunkte des kleinen mit dem großen Quadrat I – K – L – M – N – O – Q ergibt das Oktogon. Schraffierte Fläche = Wandstärke der Vorhalle.
4. Die Verbindungen des Mittelpunkts mit den Endpunkten des Oktogons ergeben im Schnittpunkt mit dem großen Quadrat die Außenbegrenzung der Polygonhalle R – S – T – U – V – W – X – Y. Schraffierte Fläche = Außenbegrenzung des Polygons.
5. Durch Verbindung der Inneneckpunkte des Polygons I – K – L – M – N – O – P mit den jeweiligen 4 Eckpunkten des großen Quadrats ergeben sich die Fluchten der Sporenpfeiler.
6. Die Verbindung der Punkte R – T – V – X und S – U – W – Y ergibt zwei Quadrate, deren Eckpunkte die acht Polygonpfeiler festlegen.

Erstaunlich ist, was Adolf Wangart herausgefunden hat und in seinem Buch *Das Freiburger Münster im Rechten Maß* beschreibt. Er weist nach, daß die Westansicht des Turmes nach dem goldenen Schnitt aufgebaut ist, wonach sich die Höhe des Turmhelms zur Gesamthöhe von Unterbau + Polygonhalle verhält wie die Höhe von Unterbau + Polygonhalle zur gesamten Turmhöhe (Abb. 5). In diesen Verhältnissen ist vielleicht ein wesentlicher Grund für die außerordentliche Schönheit des Turmes zu suchen.

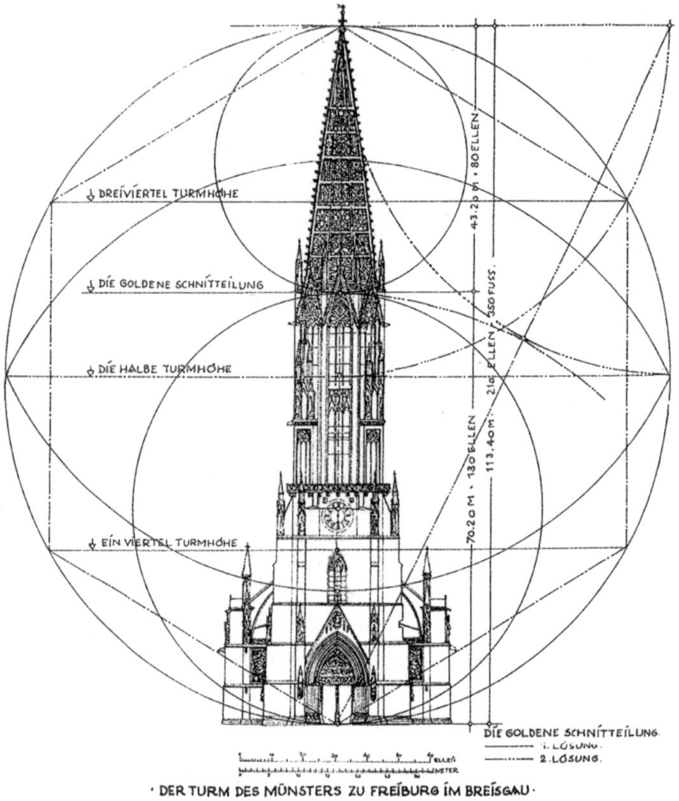

Abb. 5 Die goldene Schnittteilung nach Wangart

Der mittelalterliche Baubetrieb und seine Fördertechniken

Es fällt schwer, sich vorzustellen, wie im Mittelalter die großen Massen an Baumaterial bewegt werden konnten. Dampfkraft, Elektrizität und Verbrennungsmotoren standen ja noch nicht zur Verfügung.

Im Steinbruch wurden die Rohblöcke in Handarbeit aus dem Felsen gehauen, zerteilt und mit Ochsenkarren auf Sandwegen, über wenige Brücken, zum Teil aus großer Entfernung zur Baustelle und zur Bauhütte transportiert. Das in großen Mengen not-

Abb. 6 Dachstuhl des Langhauses mit Tretrad

wendige Holz wurde auf Flößen über die Dreisam aus dem Schwarzwald herbeigeschafft. Anfänglich beförderte man die Materialien auf Rampen und Leitern nach oben. Später zog man sie mit Stricken, die auf Rollen liefen, oder mit Hilfe von Haspelrädern hoch.

Schließlich verwendete man das Laufrad oder Tretrad, bei dem Arbeiter, wie in einem Hamsterkäfig laufend, auch größere Lasten nach oben bewegen konnten. Der Lastenaufzug des Mittelalters war geboren (Abb. 6). Die Steinblöcke wurden mit Hilfe großer eiserner Greifzangen hochgezogen, die man im Schwerpunkt des Steins seitlich in eigens dafür geschlagene Löcher eingeführt hatte. Eine ältere Methode, den Block am Seil zu befestigen, war das Einstemmen eines nach unten sich aufweitenden Loches im Schwerpunkt des Steines, in das eine Art Spreizdübel (Wolf genannt) eingeführt wurde. Hierbei konnten die sichtbar verbleibenden seitlichen Greiflöcher bei der Greifzangenmethode vermieden werden (Abb. 7).

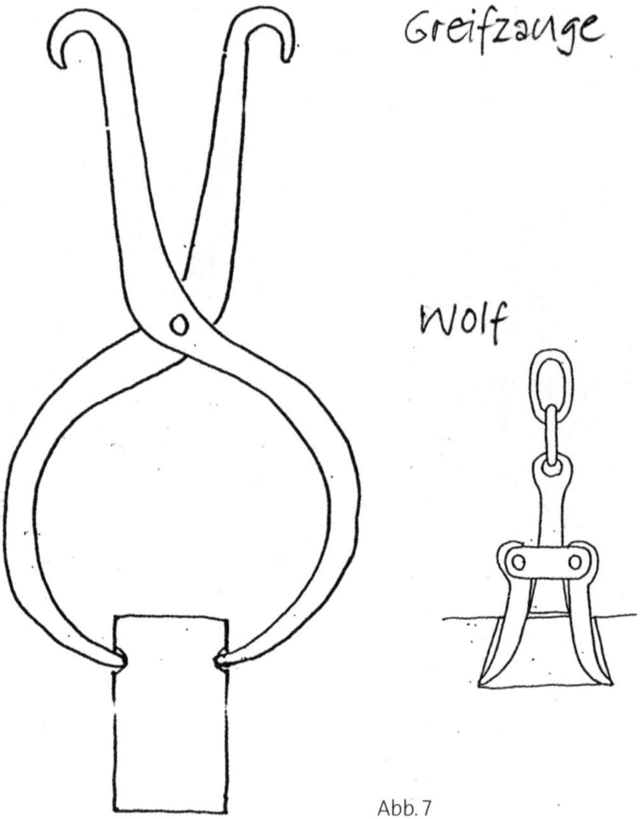

Abb. 7

Das Freiburger Münster besitzt noch drei Lauträder: im Glokkenstuhl des Westturmes und jeweils in den Dächern des Langhauses und des Chores. Das Laufrad im Langhaus (4 m Durchmesser) ist, wie die anderen beiden, noch heute funktionsfähig und wurde erfolgreich zur Wiederherstellung der Dachdeckung nach dem Luftangriff 1944 und bei der Sanierung des Dachstuhls in den 70er Jahren zum Hochziehen der Dachsparren und Dachziegel eingesetzt.

Die Standfestigkeit des Turmes

Der fast 700 Jahre alte Freiburger Westturm stellt in statisch-konstruktiver Sicht ein Meisterwerk mittelalterlicher Baukunst dar.[6] Die Namen der planenden Baumeister sind unbekannt. Sicher ist, daß das Oktogon und der Turmhelm von Bauleuten beeinflußt wurden, die aus dem damals bedeutendsten Zentrum der oberrheinischen Kunst, der Straßburger Münsterbauhütte, stammten. Basierend auf den Erfahrungen der Bauhütten, die von Generation zu Generation der Hüttenleute weitergegeben wurden, und dem Wissen der einzelnen Steinmetzen und Bildhauer entstand ein Bauwerk von großer konstruktiver Kühnheit.

Der Freiburger Turm ist wiederholt von Fachleuten in statischer Hinsicht untersucht worden. Alle Berechnungen und Versuchsanordnungen kamen zu demselben erstaunlichen Ergebnis, wie es der damalige Münsterstatiker Gerhard Lehr 1965 feststellte: »Die Formgebung und Querschnittsbemessung entspricht den statischen Erfordernissen in so vollkommener Weise, daß wir nur mit größter Hochachtung von den genialen Baumeistern des Münsterturms sprechen können.«[7] Man mache sich klar, daß diese statisch-konstruktive Glanzleistung knapp 150 Jahre vor der Entdeckung Amerikas gelang!

Die Gründe für die Standfestigkeit des Turmes sind sicher einmal in dem hervorragenden Baugrund zu suchen, auf dem das Münster errichtet wurde. Er besteht aus jahrtausendealten Ablagerungen aus Kies und Steinwacken aus dem Bett der Dreisam. Das Münster steht somit auf der Spitze eines großen Schuttkegels, auf dem auch weite Teile der Freiburger Altstadt entstanden sind. Dieser ideale Baugrund war eine elementare Grundvoraussetzung für die Errichtung des Turmbauwerks.

6 Manfred Saß: Der kühnste Turm der Christenheit, in: Münsterblatt, Nr. 7, 2000, S. 15 ff.

7 75 Jahre Münsterpflege, Freiburger Münsterbauverein 1890-1965, hg. von Paul Booz, Freiburg i.Br. 1965, S. 112.

Der Turm besitzt kein Kellergeschoß; ca. 3,60 m breite und ca. 4,00 m tiefe Stufenfundamente unter dem Turm und seinen Stützpfeilern bilden den untersten Teil. Die stufenweise Verringerung der großen Mauerstärken und die immer transparenter und leichter werdende Baustruktur nach oben hin (Ernst Adam spricht von der »Entschwerung der Baumassen«[8]) sind eine für die Standfestigkeit bei Erdbeben nahezu ideale Voraussetzung (Abb. 8).

Messungen und Berechnungen haben ergeben, daß der Turm beim Läuten aller Glocken und gleichzeitig angenommenem Orkan an seiner Spitze nur um ca. 4,7 mm ellipsenförmig ausschwingt!

Die transparente Bauweise hat sicher auch dazu beigetragen, daß der Luftdruck der Fliegerbomben im Zweiten Weltkrieg dem Turm nichts anhaben konnte.

Die Baumaterialien

Der hauptsächliche Baustoff des Freiburger Münsters ist der rund 250 Millionen Jahre alte Buntsandstein, der ursprünglich am Freiburger Lorettoberg und am Schlierberg gewonnen wurde. Später eröffnete man weitere Steinbrüche im Norden Freiburgs, u.a. in Teningen, bei Freiamt und in Heimbach, die auch das Material für den Westturm lieferten.

Der Heimbacher Steinbruch wurde erst vor wenigen Jahren geschlossen. Er lieferte ein besonders quarzhaltiges, körniges Material, das vornehmlich beim Turmhelm Verwendung fand. Seine besonders hohe Qualität übertraf viele später eingebaute Sandsteine (insgesamt etwa 12 Steinbrüche). Das abwechslungsreiche Farbspiel des Buntsandsteins von Rot bis Gelb verleiht dem gesamten Münsterbau sein typisches Erscheinungsbild.

Die meisterhaft zugeschlagenen Steine sind überwiegend mit

[8] Ernst Adam: Der Turm des Freiburger Münsters, in: Schau-ins-Land, 73. Jahreslauf, 1955.

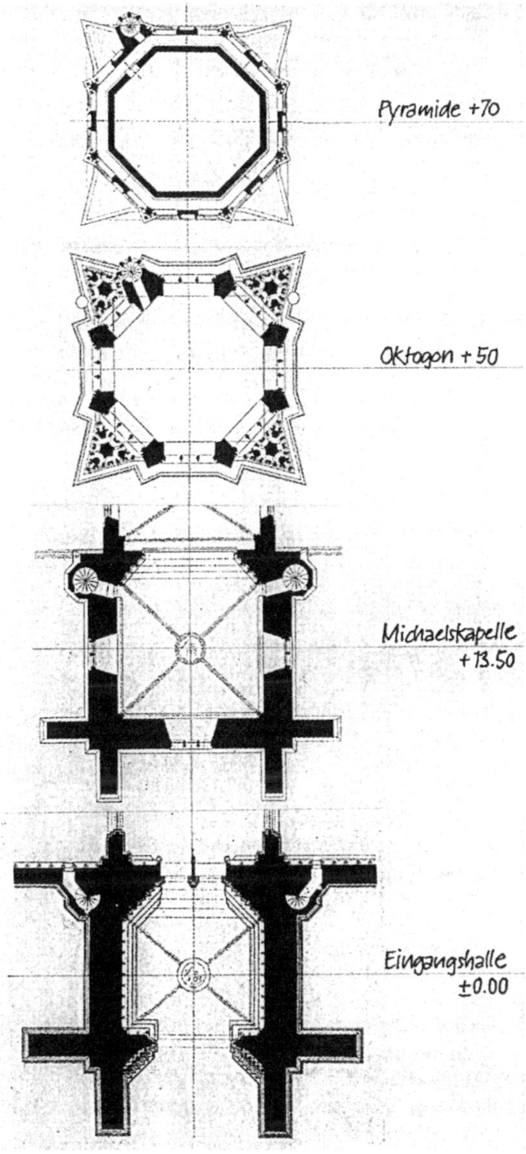

Abb. 8 Turmgrundrisse in 4 Ebenen – »Entschwerung« der Baumasse

Kalkmörtel verbunden. Der Kalk wurde u.a. in den Gruben bei Pfaffenweiler gewonnen. An besonders exponierten Bauteilen sind die Fugen mit Blei vergossen. Dieses auch heute noch bei der Sanierung verwendete Verfahren sichert die erforderliche Elastizität.

Die hoch aufragenden Polygonpfeiler und die zwischenliegenden äußerst schlanken Steinsprossen wurden mit horizontalen Eisenankern verbunden. Dieses mittelalterliche Eisen wurde aus über Holzkohlefeuer verhüttetem Eisenerz gewonnen. Sein hoher Kohlenstoffgehalt führt dazu, daß die Anker nur an der Oberfläche anrosten, eine weitergehende Zerstörung durch Rost unterbleibt.

Die geniale Konstruktion des Turmhelms ist nur durch horizontal eingebleite Ringanker möglich geworden. Flache Eisenstäbe in den Abmessungen 70/45 mm sind jeweils im Bereich der vertikalen Gratrippen an den Enden hochgebogen und werden paarweise durch einen Eisenring im Durchmesser von 250 mm elastisch miteinander verbunden. Auf diese Weise wird das »Raumtragwerk« (H. Fritz[9]) des Turmhelms wie durch Faßreifen zusammengehalten (Abb. 9a und 9b).

Der Werkstoff Holz – zum Glück in nahegelegenen Schwarzwald reichlich vorhanden – wurde in großem Umfang in vielen Bereichen eingesetzt: beim Gerüstbau, bei der Konstruktion des Glockenstuhls und der Dächer, zum Brennen von Kalk und zur Herstellung der Buntglasfenster sowie für den Glockenguß.

Die Aufgaben

Der Turmbau dient sehr konkreten Zwecken. Die *Turmvorhalle* im Erdgeschoß des Turmes ist der Haupteingangsraum zum Münster; außen nur durch einen zurückhaltenden Tympanon mit der Krönung Mariens geschmückt, bietet sich dem Besucher im Inneren eine überwältigende Fülle von Skulpturen. Die erst

[9] Herbert Fritz (wie Anm. 2).

Abb. 9a Ringanker vom nördlichen Hahnenturm

kürzlich mit großem Aufwand sanierten, von Schmutz und Taubenkot befreiten Figurenzyklen waren für die an Büchern armen und des Lesens unkundigen Bürger eine Art Bilderbibel. Zugleich sollten sie eine Einführung in den Gottesdienst im Münsterinneren sein.

Abb. 9b Modell eines Segments vom nördlichen Hahnenturm

In diesem überdachten Eingangsbereich wurde vermutlich Recht gesprochen und Kirchenbuße geleistet. Auf das Marktgeschehen auf dem Platz nehmen die eingeritzten vorgeschriebenen Maße (Elle, Zuber, Klafter, Brotgrößen usw.) Bezug. So bildet die Vorhalle einen Übergang vom öffentlichen Raum zum Kirchenschiff, eine überraschende Überleitung von der einfachen Außenfassade über den verschwenderisch gestalteten Hallenraum in das Münsterinnere.

Wie Dieter Gerhard Morsch in seiner Dissertation *Die Portalhalle im Freiburger Münsterturm*[10] festgestellt hat, ist der überwiegende Teil der Portalfiguren und der reichen architektonischen Ausstattung gleichzeitig mit dem hochgeführten Mauerwerk eingebaut worden. Fugenverläufe des Vorhallenmauerwerks ließen

[10] Gerhard Morsch: Die Portalhalle im Freiburger Münsterturm, Münster (usw.) 2001.

diesen Schluß zu. Man stelle sich vor, wieviel Bildhauer angesichts der relativ kurzen Bauzeit des Turmunterbaus (etwa 1270-1300) nötig waren, um die insgesamt 418 teils vollplastischen, teils reliefartigen Steinfiguren im Rhythmus des Baufortschritts zu schaffen.[11]

Im Gegensatz zu dem nach außen geöffneten »Empfangsraum« ist die darüber angeordnete *Michaelskapelle* ganz dem Inneren des Münsters zugeordnet. Die Kapelle wurde dem heiligen Michael gewidmet, der Böses abwenden und dem Guten zu seinem Recht verhelfen soll. Ob dieser Raum auch als Ehrenloge für hochgestellte Persönlichkeiten gedacht war, ist nicht erwiesen, wegen der schlechten Zugänglichkeit aber eher unwahrscheinlich. Als Standort einer der vier Münsterorgeln und als Tribüne für Sänger und Musiker ist dieser Turmbereich ein unverzichtbarer Teil des Münsters geworden.

Die darüber errichtete *Glockenstube* ist ein weitgehend nach außen abgeschirmter Turmteil, der den gewaltigen Glockenstuhl mit seinen über 15 m langen Stützbalken und Verstrebungen enthält. Dieser sehenswerte Glockenstuhl mit seiner vom Außenmauerwerk völlig getrennten Konstruktion nimmt im oberen Bereich die 15 Glocken, darunter die mittelalterliche Hosanna aus dem Jahre 1258 auf. Die Holzkonstruktion ist nach innen geneigt, sie war in der Baupause während der Übergangsphase vom unteren zum oberen Turmteil außen verschalt. Dieses »Haus im Haus« nimmt die Schwingungen der Glocken selbständig auf, ohne sie dem später aufgeführten Außenmauerwerk mitzuteilen (Abb. 10).

Unter den Glocken im oberen Teil des Glockenstuhls ist die *Türmerstube* eingefügt. Von hier aus hatte der Türmer das Stadtgebiet zu beobachen und nach Bränden Ausschau zu halten. Darüber hinaus gehörte auch das Läuten der Glocken zu seinen Auf-

11 Heike Mittmann: Das Münster zu Freiburg im Breisgau, Lindenberg 2000.

gaben. Auch die erstmals 1547 aufgestellte Münsteruhr (heute in der Münsterbauhütte) fand hier ihren Platz.

Über 130.000 Menschen steigen jährlich die 261 Stufen bis zum Aussichtspunkt auf der *Turmplattform* hinauf. Ursprünglich erreichten die Besucher die Turmwendeltreppe nur über das Münsterinnere am westlichen Giebel des südlichen Seitenschiffs. Im Juli 1998 wurde erstmalig ein äußerer Turmzugang an der Südseite des Turmes eingerichtet. Auf diese Weise konnte das Innere des Münsters wesentlich beruhigt werden.

1934 wurde auf der Nordseite des Turmes im Bereich der nördlichen Wendeltreppe ein Aufzug eingebaut, der bis in die Höhe der Glockenstube führt – eine heute nicht mehr wegzudenkende Hilfe für die Bauleute und die Sänger und Musiker in der Michaelskapelle.

Der Besucher der Türmerstube gelangt über eine im Nordosten des Turmes angelegte filigrane äußere Wendeltreppe (*Schnecke*) bis zur Plattform. Hier genießt er einen überwältigenden Ausblick durch die Polygonfenster auf die Stadt und die Landschaft. Nach oben geht sein Blick in die innere Spitze des *Turmhelms* 60 m über ihm und in das filigrane Steinwerk. Er schaut in den Himmel über Freiburg. Der preußische Architekt Karl Friedrich Schinkel schrieb 1827 in sein Tagebuch:

> Die Spitze ist in ihrer einfachen durchbrochenen Arbeit von der größten Wirkung und Schönheit. Auf einer Spiraltreppe steigt man gleichfalls bis auf ein Gewölbe unter der Spitze und schaut von diesem in den hohlen, spitz zulaufenden, durchsichtigen Bau hinein. Ich bemerkte, daß die Spitze nicht aus geraden, sondern gebogenen Linien besteht, wie eine verzogene Kuppel, von unten ist die Linie wenig bemerkbar. Die aus dem Viereck ins Achteck übergehende Form ist kühn durch Eckwölbungen bewirkt, die bei unbegreiflich geringen Widerlagern große Lasten tragen müssen: Die Kirche ist weit harmonischer mit dem Thurm, als am Straßburger .....[12]

[12] Karl Friedrich Schinkel: Briefe, Tagebücher, Gedanken, ausgewählt u. eingeleitet von Hans Mackowsky, Berlin 1922, S. 115 f.

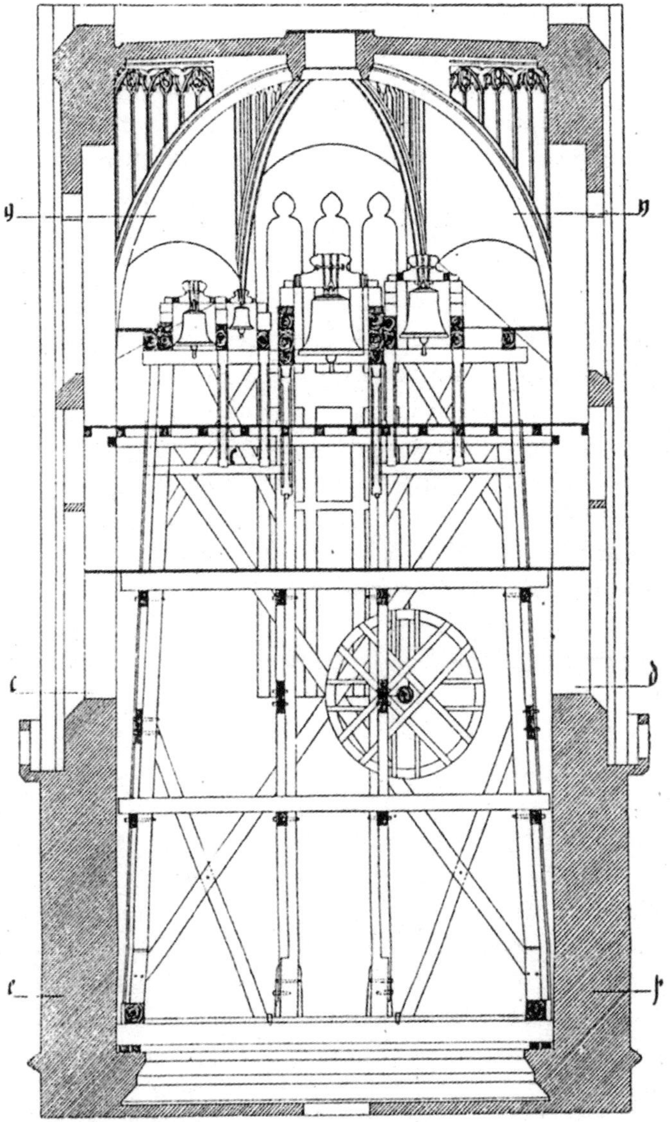

Schnitt a-b

Abb. 10 Der Glockenstuhl

Der Turm des Freiburger Münsters ist zu einem Wahrzeichen der Stadt und der ganzen Region geworden. »Superzeichen« nennt der Stadtplaner und Architekt Klaus Humpert die Bauten, die das Bild der jeweiligen Städte prägen. In ihnen kulminiert das Wesen einer Stadt und oft der ganzen Region. Ohne sie sind die Städte in ihrer Besonderheit nicht mehr vorstellbar.

Es ist nicht überraschend, daß viele hochragende Kirchtürme zu diesen Superzeichen gehören: das Straßburger Münster, das Ulmer Münster, der Kölner Dom und der Wiener Stephansdom, die Dome in Prag, Speyer, Mainz und so auch das Freiburger Münster (Abb. 11). Selbst kleine Städte in der norddeutschen Tiefebene erhalten durch ihre Türme eine unverwechselbare Silhouette. Auch die Kuppeln, u.a. von Rom, Florenz oder St. Blasien haben diese Funktion übernommen. Besondere Freude herrscht verständlicherweise bei den Dresdenern über den nun fast abgeschlossenen Wiederaufbau der im Krieg zerstörten Frauenkirche. Nach einer beispiellosen Spendenaktion ist der stadtbildprägende Kuppelbau wiedererstanden. Das weltberühmte Elbpanorama glänzt wieder mit seinem Wahrzeichen.

So wie Karl Friedrich Schinkel begeistert war, erging es vielen, die den fast 700 Jahre alten Freiburger Münsterturm bewundert haben. Immer wieder wird seine Wirkung im Stadtbild und in der Landschaft rühmend gewürdigt. Vor allem sind es die Proportionen und die Harmonie seiner Maße, die die Betrachter tief beeindrucken. Es ist daher verständlich, daß vor allem seine *Schönheit* gepriesen wird.[13] Nur wenige erkennen beim Betrachten des Turmes, daß sie auch vor einer einzigartigen *statisch-konstruktiven Glanzleistung* des Mittelalters stehen. Die begeisterten Aussagen über die geistigen, künstlerischen und architektonischen

13 Ursula Saß: Der schönste Schatz des Stadtbildes, in: Münsterblatt, Nr. 10, 2003, S. 19 ff.

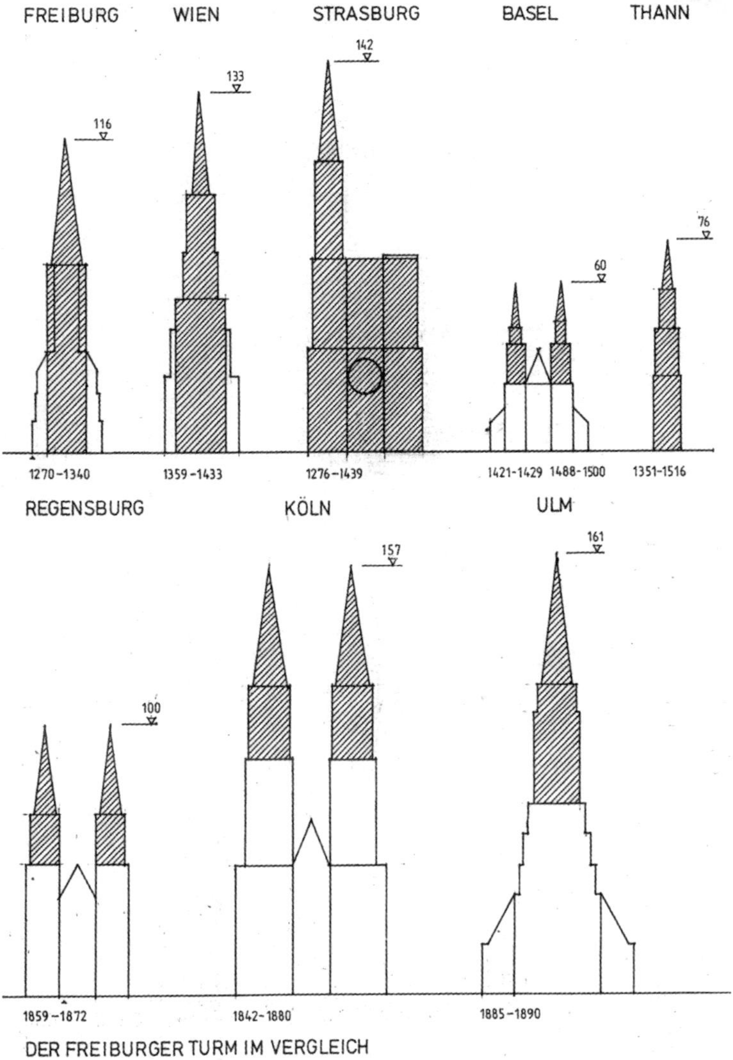
FREIBURG
WIEN
STRASBURG
BASEL
THANN
116
133
142
60
76
1270-1340
1359-1433
1276-1439
1421-1429 1488-1500
1351-1516
REGENSBURG
KÖLN
ULM
100
157
161
1859-1872
1842-1880
1885-1890
DER FREIBURGER TURM IM VERGLEICH

Abb. 11

Aspekte haben das Staunen über die geniale bauliche Verwirklichung der Turmidee verdrängt.

Erst eine ganzheitliche Würdigung in geistiger, ästhetischer und konstruktiver Sicht kann der überragenden Bedeutung dieses Bauwerks gerecht werden. Es ist die Aufgabe unserer und der nachfolgenden Generationen, diese großartige Leistung mittelalterlicher Baukunst zu schützen und für die Zukunft zu bewahren.

Heike Mittmann

Die Gefährdung und Erhaltung des Münsterturms im Verlauf der Jahrhunderte

Die Baugeschichte des einzigartigen Turmes des Freiburger Münsters endet nicht etwa mit dessen Fertigstellung im Mittelalter um 1340. Zahlreiche Quellen, Aufsätze, nicht zuletzt auch Fotografien sowie die derzeitigen Restaurierungsarbeiten zeugen davon, daß der kunstvollste Bauteil des Münsters in den knapp 700 Jahren seines Bestehens durch Blitzeinschläge, Kriege und Verwitterung mehrfach massiv gefährdet war und bis zum heutigen Tag eine ständige Instandhaltung erfordert. Nur dem uner-

Abb. 1 Der eingerüstete Münsterturm um 1920

müdlichen Einsatz bereits der früheren Generationen ist es zu verdanken, daß der Turm noch immer das schönste Wahrzeichen der Stadt ist und nicht etwa als häßliche Ruine überliefert wurde.

Wichtige Informationen zu dem Thema erhält man in den zahlreichen Aufsätzen von Münsterbaumeister Friedrich Kempf, unter dessen Leitung die erste große Hauptturmrestaurierung von 1913-1922 stattfand (Abb. 1). Er hat auch die Quellen von früheren Schäden und Arbeiten am Turm veröffentlicht und zusammenfassend über sie berichtet. Für die Restaurierungsarbeiten am Turm in den letzten 100 Jahren bieten außerdem die Geschäftsberichte und Publikationen des Freiburger Münsterbauvereins, schriftliche Unterlagen im Archiv der Münsterbauhütte sowie Pläne und die bereits erwähnten Fotografien wichtige Hinweise.[1]

Blitzeinschläge

Bis zur Mitte des 19. Jahrhunderts, als man sich endlich entschloß, den Münsterturm mit einem Blitzableiter zu sichern, wurde die Turmspitze von zahlreichen Blitzeinschlägen getroffen.[2] Obwohl bereits im 18. Jahrhundert der Blitzableiter erfun-

1 Friedrich Kempf: Heimsuchungen und Schicksale des Freiburger Münsters in Kriegsnot und Feuersgefahr, in: Freiburger Münsterblätter 12, 1916, S. 1-26; 14, 1918, S. 1-26; ders.: Wiederherstellungsarbeiten am Westturm des Freiburger Münsters, Sonderdruck aus der Zeitschrift für Bauwesen, Jahrgang 1922; ders.: Die Wiederherstellungsarbeiten am Münsterturm, in: Badener Land, 29, 1922; ders.: Vierzig Jahre Freiburger Münsterbauverein 1890-1930, hg. vom Freiburger Münsterbauverein, Freiburg 1930. Allgemeiner Geschäftsbericht des Vorstandes des Freiburger Münsterbauvereins 1891-1963. 75 Jahre Münsterpflege, Freiburger Münsterbauverein 1890-1965, hg. von Paul Booz, Freiburg i.Br. 1965; 100 Jahre Freiburger Münsterbauverein 1890-1990, hg. von Hugo Ott, Freiburg i.Br. 1990. Münsterblatt, Jahresschrift des Freiburger Münsterbauvereins, hg. vom Freiburger Münsterbauverein, S. 1-10, 1994-2003.

2 Über die Blitzeinschläge, ihre Folgen und die Quellen hierzu vgl. Kempf, 1918, S. 12-22.

den worden war, zögerte die Stadt, die für den Münsterbau zuständig war, eine Entscheidung hinaus. Erst 1843, nachdem wieder ein Blitz in den Turm geschlagen war, wurde noch im selben Jahr der erste Blitzableiter am Münsterturm angebracht.

Die früheste Nachricht von einem »Wetterschaden« am Hauptturm stammt aus dem 15. Jahrhundert. Danach leitete der damalige Werkmeister Hans Niesenberger die Wiederherstellungsarbeiten, doch bleiben Ausmaß der Schäden und Umfang der Reparaturen unbekannt.

Umfangreicher sind dagegen die Informationen über den folgenschweren Blitzeinschlag im Jahr 1561. Über die Auswirkungen dieser Katastrophe, die Vorbereitungen und Planungen der Restaurierungsarbeiten erfahren wir aus verschiedenen Ratsprotokollen, Münsterrechnungen und der Korrespondenz Freiburgs mit anderen Städten.[3]

In der Ratssitzung vom 2. Mai 1561 berichten die Münsterpfleger »was großen merklichen schadens das wetter dem münsterturm verschienenen montags zugefügt« und daß man umgehend mit den Wiederherstellungsarbeiten beginnen müsse, um »größeren schaden, so leichtlich folgen mochte, zu verhüten.« Der Münsterturm war so beschädigt worden, daß abgestürzte Steinteile nicht nur den Turm, sondern auch das umliegende Gelände bedeckten. Um die große Verantwortung dem Werkmeister Jörg Kempf, dem Erbauer der Münsterkanzel, nicht allein aufzubürden, zog man auf dessen Wunsch auswärtige Werkmeister aus Schlettstadt, Straßburg, Colmar und Ettlingen hinzu.

Die Fachleute trafen sich am 15. Mai. Sie faßten das Ergebnis in einem Gutachten zusammen, das leider nicht überliefert wurde. So wissen wir nichts über Art und Umfang der Schäden; auch über die Wiederherstellungsarbeiten selbst schweigen die Quellen. Einträge in den Ratsprotokollen und Hüttenrechnungen belegen jedoch, daß die Kosten für die Instandsetzungen so hoch waren, daß

3 Abgedruckt bei Kempf, 1918, S. 13–16 und S. 25 f.

die Geldmittel der Münsterfabrik bald erschöpft waren und man sich um andere Geldquellen bemühen mußte. Das Steinmaterial bezog man aus den Gruben von Tennenbach; 1567 wurde das Gerüst abgebaut.

Hinweise auf die damalige Restaurierung bilden lediglich Inschriften – Jahreszahlen von 1563-1565 und Namen von Steinmetzen –, die Dipl. Ing. Herbert Fritz im Rahmen seiner Untersuchungen des Turmhelms Anfang des 20. Jahrhunderts an der Kreuzblume sowie an den Blattornamenten der Helmgrate (sog. »Krabben«) und anderen Teilen der Maßwerkpyramide entdeckte.[4] Fritz hatte aus nächster Nähe vom Gerüst aus, das sich für die Restaurierung von 1919 bis 1922 am Turmhelm befand, den Bauteil betrachten können. Durch den Blitzeinschlag war die Kreuzblume, die oberste Bekrönung der Turmspitze, schwer beschädigt worden. Als Ersatz für einen zerstörten Stein hatte man dort einen 60 cm hohen Bleiblock eingegossen, auf dem sich auch die Inschriften befanden. Die übrigen Wiederherstellungsarbeiten konzentrierten sich vermutlich auf das Auswechseln von Krabben. Fritz hatte festgestellt, daß von den insgesamt 226 Helmkrabben nur noch 132 aus der Erbauungszeit stammten. Die übrigen waren spätere Erneuerungen, von denen er einige – anhand von Vergleichsbeispielen z.B. an der Grafenkapelle (1557) und an der Außenfassade der Heiliggrabkapelle (1578) – ins 16. Jahrhundert datierte. Aus dem 16. Jahrhundert stammten seiner Meinung nach auch einige Masken am Anfang der Helmrippen.

An den Blitzeinschlag von 1561 erinnert noch heute die Inschrift auf der alten Wetterfahne in Gestalt eines Sternes und Halbmonds (Abb. 2+3): »Den 28. aprilis anno 1561 jor durch das wetter schaden empfangen.« Sie wurde im 19. Jahrhundert durch eine Kopie ersetzt.

4 Herbert Fritz: Der Turmhelm des Münsters zu Freiburg im Breisgau. Diss. TH Karlsruhe 1926.

Abb. 2 Die alte Wetterfahne der Hauptturmspitze aus vergoldetem Kupferblech (heute Münsterbauhütte)

1575 schlug der Blitz erneut in den Turm. Dabei, so berichten die Quellen, war ein solcher Schaden entstanden, daß man Krabben, die abzustürzen drohten, zunächst notdürftig mit Ketten und Seilen sicherte, bis man an die eigentliche Behebung der Schäden gehen konnte. Außerdem hatte der Blitzschlag das Blei in den Fugen »oben beim helm« zum Schmelzen gebracht. Unter Werkmeister Hans Böringer, dem Meister des Lettners, wurden die Arbeiten im Frühjahr des folgenden Jahres mit der Errichtung des Gerüstes begonnen. Sein Meisterzeichen ist in der Turmspitze eingeschlagen. Auch Böringer hatte sich den Rat eines auswärtigen Sachverständigen aus Colmar eingeholt. Der Ablauf der Wiederherstellungsarbeiten ist nicht bekannt. Lediglich Inschriften von 1576-1578 deuten wieder auf eine Bautätigkeit in diesen Jahren hin.

Über spätere Blitzeinschläge in den Turm und durch sie entstandene Schäden erhält man in den Unterlagen nur noch knappe

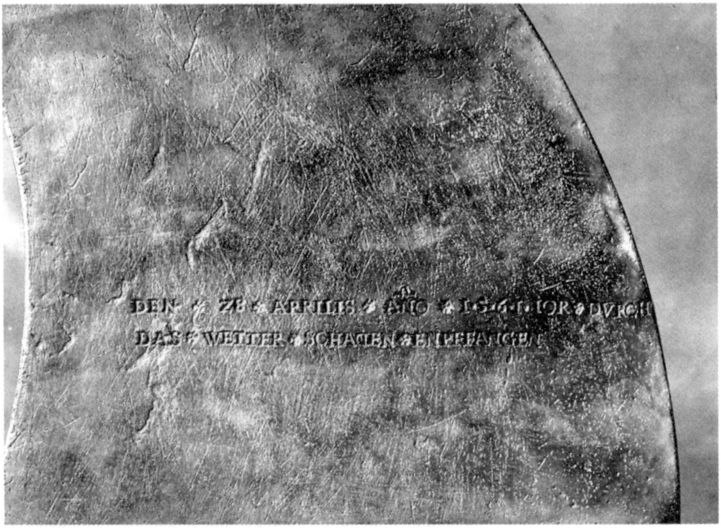

Abb. 3 Inschrift am Halbmond der Wetterfahne über den Blitzeinschlag von 1561

Nachrichten. So heißt es 1592 »...wegen des wetters im münsterturm sovil schaden getan und sovil gerüst in die höhe zu machen von nöten...« und am 22. Mai 1622 »hat das wetter allhie in den münsterturm geschlagen, großen schaden an gebäuden und menschen getan«. Blitzeinschläge im Münsterturm werden außerdem für die Jahre 1626, 1650 und 1651 genannt. 1744 schlug ein Blitz in die Turmwächterstube, riß ein Stück aus dem Glokkenstuhl und verletzte den Turmwächter dabei schwer. Bei Blitzeinschlägen in den Jahren 1820 und 1827 kam eine Person zu Schaden, der Turm selbst wurde aber anscheinend nicht beschädigt. Am 2. April 1842 schlug der Blitz wieder in die Pyramide des Münsterturmes und riß auf der Südwestseite »einen Kempfer herunter und machte zwei andere los«. 1843 schlug der Blitz nochmals in die Turmspitze. Dabei schmolz das Blei in den Fugen des nordöstlichen Wendeltreppenturms. Dieses Ereignis bewirkte schließlich den Bau einer Blitzschutzanlage, mit der der

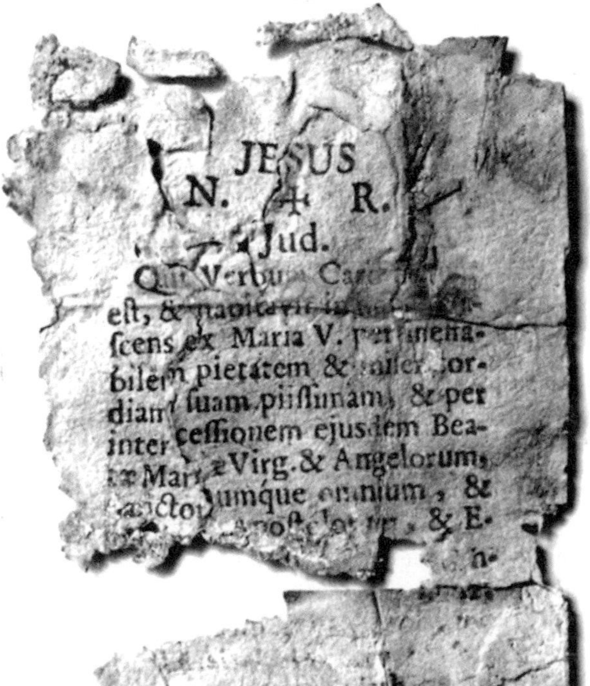

Abb. 4 Alte Wetterabwehrmittel, die man 1914 in der Turmpyramide entdeckte.

Physiker Prof. Dr. Frick betraut wurde.[5] Von der metallenen Wetterfahne aus führte er ein aus sechs Kupferdrähten bestehendes Drahtseil zum Boden herab, mit dem er alle übrigen Metallmassen am Turm (Glocken, Eisenstangen) durch weitere Kupferdrähte verband. 1862 wurde der Ableitungsdraht bei einem schweren Gewitter in Stücke gerissen und im selben Jahr durch eine neue Anlage ersetzt. Danach enden die Mitteilungen über durch Blitzeinschläge entstandene Schäden am Turm.

Da sich die früheren Generationen noch nicht auf die physikalischen Errungenschaften stützen konnten, versuchten sie auf ihre Weise, die Gebäude vor Unwetter zu schützen. Verbreitet war das »Wetterläuten«, mit dem sie die Wettergefahren bannen wollten. Besonderen Schutz erhoffte man sich durch das Einmauern von religiösen Gegenständen. Bei der Turmrestaurierung zu Beginn des 20. Jahrhunderts entdeckte man auf der Süd-, West- und Nordseite des Helms – über dem ersten Maßwerkfeld – drei mit Steinplättchen verschlossene ca. 8 cm große Öffnungen, in denen sich solche wunderkräftigen Gegenstände befanden: drei Messingmedaillen mit Darstellungen und Segenstexten der Heiligen Benedikt und Zacharias, kleine Holzkreuzchen und zwei Zettel mit gedruckten Wettersegen[6] (Abb. 4).

[5] Johannes Müller: Lehrbuch der kosmischen Physik, Braunschweig 1865, (darin auch eine interessante Beschreibung über den Weg des Blitzeinschlags von 1843); Kempf, 1918, S. 20-22.

[6] Joseph Sauer: Eine alte Sicherung des Freiburger Münsterturms gegen Wettergefahr, in: Freiburger Münsterblätter, 12, 1916, S. 27-33.

Kriegsschäden

Zahlreich sind die Nachrichten über Beschädigungen des Münsters infolge von Kriegen. Immer wieder fanden in der Stadt kriegerische Auseinandersetzungen statt. Besonders verheerend war der Luftangriff auf Freiburg am 27. November 1944, bei dem fast 3000 Menschen starben und weite Teile der Altstadt völlig zerstört wurden. Wie hatte der Münsterturm diese unheilvollen Ereignisse im Laufe der Jahrhunderte überstanden?

Aus dem Jahr 1525 berichten die Quellen von einer Beschießung des Münsterturms während des Bauernkrieges.[7] Die Bauern hatten mehrere Tage Freiburg belagert und vom Schloßberg aus mit *Schlangenbüchsen* die Stadt beschossen. Dabei fielen auch Schüsse auf den Helm des Münsterturms. Wie groß die Schäden waren, ist nicht bekannt. Daß dabei *der Helm herabgeschleudert sein soll*, wie spätere Chronisten schrieben, hat schon Kempf als übertriebene Darstellung kritisiert. So liefern die Münsterrechnungen des Jahres 1525 wie auch die der nachfolgenden Jahre keine Anhaltspunkte für umfassende Wiederherstellungsarbeiten. Auch widerlegt dies der Baubestand des Helmes selbst, der noch überwiegend aus der Entstehungszeit stammt.

Schwer zu leiden hatte das Münster bei den mehrfachen Belagerungen Freiburgs durch die Franzosen. So erfahren wir aus dem Jahr 1713:

> Früh morgens um 1/2 6 Uhr errichteten die Franzosen hinter dem oberen Schloß eine Batterie von 10 halb Carthaunen, woher sie ein erschröckliches feuer auf die Basteien des oberen Schlosses gemacht: da aber viele Kugeln zu hoch gerichtet, wurden viele Häuser der Stadt und sonderlich der schöne Münster-Turm stark beschädigt.

7 Zu den Gefährdungen des Münsters durch die Kriege mit den entsprechenden Quellen siehe Kempf, 1916 (Anm. 1).

Eine andere Quelle berichtet von einer Beschießung, bei der Zierteile am Münster und Turm »heruntergeschossen«, Gewölbe beim Choraltar und dem Hauptportal durchgeschlagen, der Schwibbogen bei der Schwalbenestorgel zerstört und eine Säule beim Portal beschädigt wurden. Nähere Einzelheiten über die Schäden am Hauptturm sind nicht überliefert.

Noch schlimmer waren offenbar die Folgen für das Münster bei der Eroberung Freiburgs im Jahre 1744. Obwohl zwischen den Kriegsparteien eine Vereinbarung getroffen worden war, das Münster zu schonen, beschädigten französische Kanonenkugeln das Bauwerk schwer: So wurden die Maßwerkpyramide des südlichen Hahnenturmes völlig zerstört und die des nördlichen Hahnenturmes schwer beschädigt. Kanonenkugeln flogen durch die Dachstühle und die Gewölbe in das Münsterinnere, schlugen bei der großen Orgel und im »Frauenchörle« des südlichen Seitenschiffs ein, rissen »Stücke« von Mauern und Fenstern weg und schlugen außen Zierteile und Skulpturen ab. Diesen Beschießungen fielen vermutlich auch verschiedene Turmskulpturen zum Opfer, die man bei den Restaurierungen im 20. Jahrhundert erneuerte (vgl. anschließendes Kapitel). Im Verlauf der folgenden Jahrhunderte wurde Freiburg zwar von weiteren Kriegen heimgesucht, doch sollten die Beschießungen von 1744 zunächst die letzten sein, die am Münster schwerwiegende Schäden verursachten. Selbst im Ersten Weltkrieg, 1914-1918, blieb das Münster trotz zahlreicher Fliegerangriffe auf die Stadt verschont.

Anders hingegen waren die Auswirkungen des Zweiten Weltkrieges.[8] Bereits unmittelbar nach Kriegsausbruch hatte man 1939 Schutzmaßnahmen am Münster durchgeführt (Abb. 5): So

[8] Joseph Schlippe: Das Freiburger Münster im Zweiten Weltkrieg, in: 75 Jahre Münsterpflege (Anm. 1), S. 75-88; Allgemeiner Geschäftsbericht des Vorstandes des Freiburger Münsterbauvereins, 1939-1944; Akte Archiv Münsterbauhütte: Schutz der Glasgemälde gegen Fliegergefahr. Sicherungsmaßnahmen am und im Münster gegen Kriegsgefahr 1913-1948 (Nr. 12).

wurden die beiden Chorportale und das Hauptportal mit Sandsäcken und Holzwänden gesichert und Skulpturen, wie die vier sitzenden Grafenfiguren am Turm, verschalt. Außerdem baute man die mittelalterlichen Glasfenster aus, schloß die Fenster mit Brettern oder hellem Glas und baute Altäre und Holzbildwerke ab, die in den beiden massiv gebauten Hahnentürmen und in den Bergungsräumen des Ordinariats gelagert wurden. Nach den schweren Fliegerangriffen auf Lübeck und Mainz dehnte man im Frühjahr 1942 die Schutzmaßnahmen noch weiter aus. Die Bogenöffnung der Turmvorhalle mit ihrem reichen figürlichen und architektonischen Schmuck erhielt nun eine starke Backsteinwand mit Verstrebungen. In der Vorhalle selbst barg man wertvolle Steinskulpturen, wie die Sternenkleidmadonna, die Apostelfiguren, die Hl. Grab Figuren aus dem Kircheninneren und vom Westturm König David und Salomon, fünf Wasserspeier, einen Posaunenengel und König Oswald.

Abb. 5 Erste Schutzmaßnahmen am Freiburger Münster Anfang des Zweiten Weltkrieges

Abb. 6 Der Münstertum nach dem Bombenangriff auf Freiburg am 27. November 1944

Ohne einen Bombentreffer überstand das Münster den schweren Luftangriff auf Freiburg am 27. November 1944. Doch wurde es durch den Luftdruck der in nächster Nähe einschlagenden Bomben, durch Bombensplitter und durch die hochgeschleuderten Pflastersteine des Münsterplatzes schwer beschädigt.

Der Münsterturm, Symbol und Wahrzeichen der Stadt, blieb inmitten der zertrümmerten Stadt scheinbar unbeschädigt stehen (Abb. 6). Allerdings hatte er verschiedene Einzelteile eingebüßt. So waren Fialen, Kreuzblumen und auch figürliche Teile abgesprengt worden. Ein posaunenblasender Engel im oberen Bereich des Turmes hatte seinen Kopf, die rechte Hand und den rechten Flügel zur Hälfte verloren, bei einem anderen war ein Stück von der Posaune abgebrochen. Außerdem waren Fensterverschalungen herausgerissen und die Haupteingangstüren sowie andere Türen im Turm schwer beschädigt worden.

Sein konstruktiver Bestand und der Turm im Ganzen hatten jedoch standgehalten. Dank ihrer durchbrochenen Maßwerkplatten, die dem Luftdruck der Bomben keine Angriffsflächen boten, hatte selbst die Turmspitze den Angriff nahezu unbeschadet überstanden. Damit war für die leidgeplagten Freiburger Bürger der inmitten des Trümmerfeldes aufrecht stehende Münsterturm zum Hoffnungsträger für das Wiedererstehen der Stadt geworden.

Die Hauptturmrestaurierung von 1913 bis 1922

Zu Beginn des 20. Jahrhunderts fand die erste umfassende Instandsetzung des Hauptturmes statt.[9] Die zahlreichen Blitzeinschläge und Kriege hatten dem Bauteil über die Jahrhunderte so

[9] Die Arbeiten sind dokumentiert in den Geschäftsberichten des Freiburger Münsterbauvereins 1913-1922 und in den Publikationen von Friedrich Kempf 1922, 1930 (vgl. Anm. 1). Außerdem befinden sich im Archiv der Bauhütte hierzu verschiedene Akten: Wiederherstellung der Münsters. Westturm-Osttürme 1910-1913 (Nr. 18); Wiederherstellung des Münsters. Münster-Bau- und Kunstkommission 1911-1922 (Nr. 18); Wiederherstellung des Münsters. 1. Einweihung der neuen Kreuzblume. 2. Besteigung des Turmgerüsts. 1920/1921 (Nr. 18); Wiederherstellung des Münsters. Feuerschutz 1910-1955 (Nr. 18); Wiederherstellung des Münsters. Restaurierung verschiedener Bauteile 1907-1923 (Nr. 18).

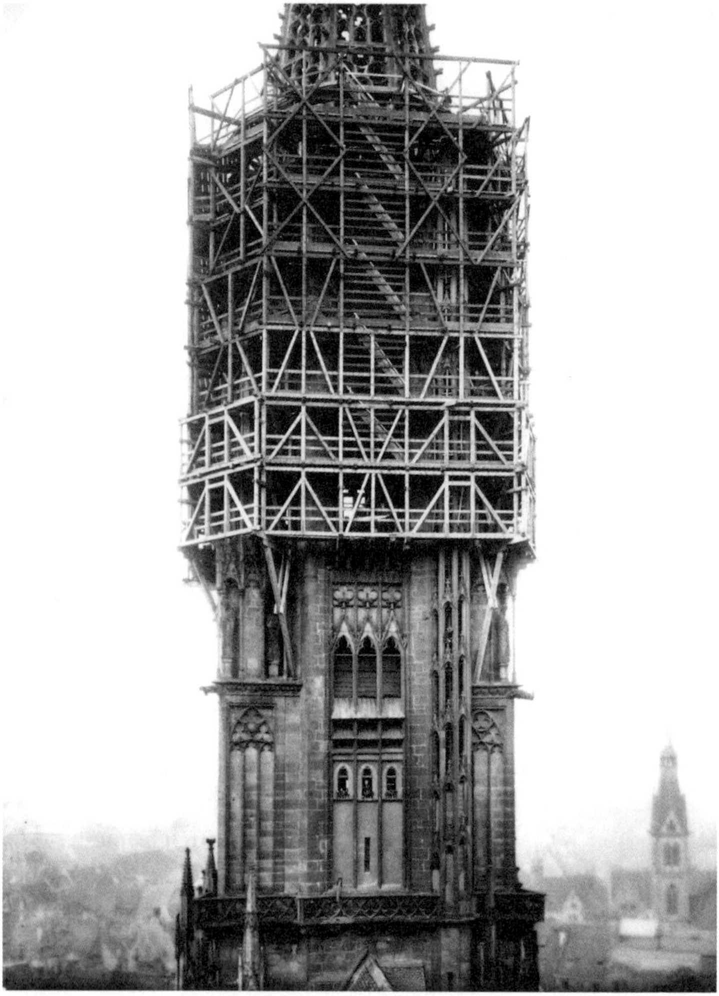

Abb. 7 Die eingerüstete Achteckhalle von 1913-1919

zugesetzt, daß eine gründliche Restaurierung unausweichlich wurde. Bereits in den 80er und 90er Jahren des 19. Jahrhunderts hatte man verschiedene kleinere Arbeiten an den Figurenbaldachinen und an der Sterngalerie durchgeführt; 1886/87 baute man den Treppenturm auf der Nordostseite aus. Zwei Jahre später wiesen auswärtige Bauexperten in einem Gutachten auf die schweren Schäden am Turm hin.[10] So forderten sie die vollständige Erneuerung der Turmspitze auf eine Höhe von 15 m, einschließlich der Kreuzblume, und machten auf den bedrohlichen Zustand des westlichen Oktogonpfeilers aufmerksam. Für die Durchführung solcher kostspieligen Wiederherstellungsarbeiten fehlte jedoch das Geld. 1890 gründete man den Freiburger Münsterbauverein, um die Sanierungsarbeiten am Münster finanziell abzusichern. Obwohl sich ihm schon bald 4000 Mitglieder anschlossen, sollten noch viele Jahre vergehen, bis der Verein durch Mitgliedsbeiträge, Spenden, Vermächtnisse und Lotterien genügend Geld für die Restaurierung des Turms angesammelt hatte. Bis dahin begnügte man sich mit Maßnahmen kleineren Umfangs, wie dem Erneuern von Figurenbaldachinen und Brüstungsplatten an der Sterngalerie. Im Juni 1913 begannen die Arbeiten am Turm mit dem Aufbau eines gewaltigen Holzgerüstes zunächst an der Achteckhalle (Oktogon). Es bestand aus sieben Stockwerken zu je 3,50 m Höhe und erstreckte sich von der Plattform bis über den Helmansatz (Abb. 7). Gegen Blitz- und Feuergefahr war es mit Blitzableitern und einer Steigrohrleitung gesichert, durch die Wasser mit einer Motorspritze hochgepumpt werden konnte.

Der Verein besaß nun ein Vermögen von 3 Millionen Reichsmark, das ihm ermöglichte, die Restaurierung aus den Zinserträgen zu bezahlen. Auch sonst waren die Voraussetzungen für solch ein großes Projekt geschaffen: Mit dem Umzug der Münsterbauhütte 1912 in das heutige Anwesen konnte man nicht nur neue Sammlungsräume für die abgebauten Originale einrichten, sondern auch eine größere Werkstätte und damit die Belegschaft der Münsterbauhütte vergrößern (Abb. 8). 1912 arbei-

[10] Das Gutachten ist abgedruckt bei Friedrich Kempf, 1930 (Anm. 1), S. 128-131.

Abb. 8 Die Münsterbauhütte in der Schoferstraße mit der damaligen Werkstatt (um 1912)

teten unter der Führung von Münsterbaumeister Friedrich Kempf 7 Steinmetze, 4 Maurer, 1 Taglöhner und 1 Lehrling in der Bauhütte.

Doch die Zeitumstände waren ungünstig. Kaum war das Gerüst aufgestellt, brach im Sommer des folgenden Jahres der Erste Weltkrieg aus. Überlegungen, die Holzkon-struktion wegen der befürchteten Brandbomben wieder abzubauen, verwarf man zwar bald, doch wurde ein großer Teil der Werkleute eingezogen und mußte durch »militärfreie«, weniger geschulte Kräfte ersetzt werden. Die Arbeiten wurden fortgesetzt, aber in einem langsameren Tempo als vorgesehen.

Vom Gerüst aus stellten sich die Schäden bedeutend schlimmer heraus als man zunächst geglaubt hatte. Aus fast allen Fugen des Steinwerks war der Mörtel ausgewaschen, Architektur- und Schmuckteile waren fast bis zur Unkenntlichkeit verwittert. Von insgesamt 122 Krabben an den Fenstergiebeln mußten 92 ersetzt werden. Mehrere Blendmaßwerke und Doppelkreuzblumen der Fenstergiebel wurden neu hergestellt. Zahlreiche Ergänzungen und Erneuerungen waren auch an den Gewänden, Pfosten und Maßwerken der Fenster erforderlich. Bei der obersten Galerie mußten sieben Brüstungsplatten durch Kopien ausgetauscht werden. Insgesamt benötigte man »etwa 1000 größere und kleinere Vierungen (Flicksteine) zur Ausbesserung und Ergänzung von Profilen und etwa 300 bildhauerische Vierungen an Krabben und Kreuzblumen« (Kempf).

In einem ebenso schlechten Zustand zeigten sich die Skulpturen: Von den ehemals vier Posaunenengeln auf den hohen Fialen der Dreikantpfeiler fand man nur noch drei vor. An Stelle der vierten Figur, die vermutlich im 18. Jahrhundert abgeschossen worden war, stand ein Engel vom »Heiligen Grab« aus dem Münsterinnern. Hände, Flügel und Posaunen der Skulpturen waren teilweise verstümmelt; zwei Posaunen- engel trugen mit Eisendübeln befestigte künstlerisch unbedeutende Köpfe von späteren Restaurierungen. Bei den einst sieben (Schein-)Wasserspeiern der Fenstergiebel fehlten ebenfalls zwei Figuren. Sie wurden durch Neuschöpfungen ersetzt. Von den anderen fünf und von den Posaunenengeln stellte man Kopien her.

Als nach Kriegsende Werkleute und Architekten zurückkehrten, ging man mit Zuversicht nicht nur daran, die Arbeiten am Oktogon abzuschließen, sondern auch das obere Turmdrittel mit einem Gerüst zu versehen, um hier ebenfalls mit einer umfassenden Restaurierung zu beginnen. Das Gerüst wurde von Juni bis September 1919 auf dem bestehenden aufgebaut und erhob sich bis über die Spitze der Kreuzblume. Obwohl der Gesamtzustand des Helms besser war als der von der Achteckhalle, mußten 62 Krabben und 40 Maßwerksteine vollständig erneuert werden. Sie waren entweder verwittert oder wiesen Mängel von früheren Restaurierungen auf, da man beschädigte Steine lediglich mit dünnen Platten bedeckt hatte, anstatt sie durch neue auszutauschen. Außerdem erwies sich der Mörtel als schlecht, war zum Teil

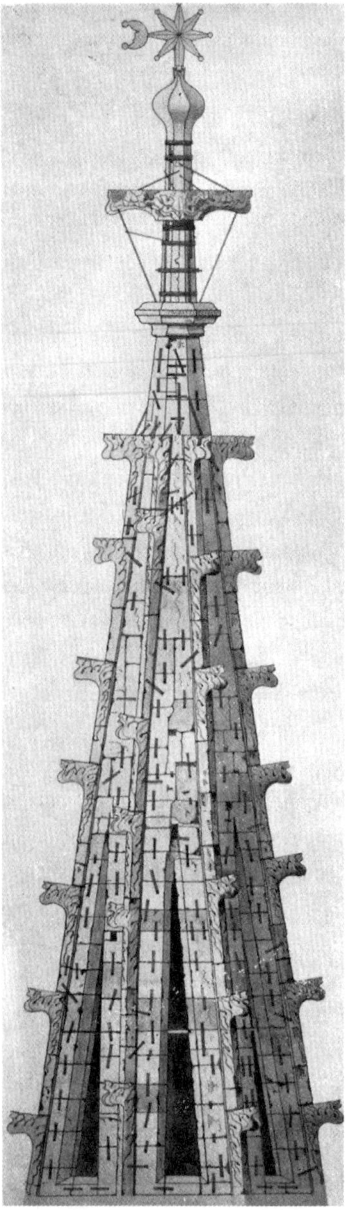

Abb. 9 Die Helmspitze vor der Wiederherstellung. Zahlreiche Eisenklammern hielten die Steine notdürftig zusammen.

vermodert oder fehlte ganz. Die größten Schäden zeigten sich an der obersten Turmspitze, worauf man schon 1889 hingewiesen hatte. Dieser Bauteil war von den Wetterkatastrophen am meisten mitgenommen und wurde von zahlreichen Eisenklammern verunstaltet (Abb. 9). Im Gegensatz zur Meinung der damaligen Sachverständigen hielt man jedoch das vollständige Abtragen dieses Bereichs nicht mehr für nötig, sondern empfahl, sich auf die nötigsten Wiederherstellungsmaßnahmen zu beschränken. Lediglich die stark beschädigte Kreuzblume sollte abgebaut und durch eine neue ersetzt werden, weil ihre Standsicherheit gefährdet war. Für die Bearbeitung der neuen Kreuzblume benötigte man 90 Arbeitstage. Feierlich wurde sie am 19. September 1920 im Münster durch den Bischof eingeweiht (Abb. 10). In den Knauf der Kreuzblume legte

Abb. 10 Münsterbaumeister Friedrich Kempf mit Werkleuten und Geistlichen vor der neuen Kreuzblume am Tag ihrer Weihe, 19. September 1920

man zwei Kupferbüchsen, die zur Erinnerung an die Restaurierung eine Pergamenturkunde, Papiergeld und verschiedene Fotos enthielten, außerdem ein Agnus-Dei-Wachssiegel mit dem Bildnis des Papstes Leo XIII. und Reliquien verschiedener Heiliger. Die 600 Jahre alte Kreuzblume kam ins Münstermuseum, wo sie auch heute noch ausgestellt ist. Bevor man im Oktober 1920 mit dem Abbau des Gerüstes begann, hatten die Freiburger drei Monate die einmalige Gelegenheit, das Turmgerüst bis zur Spitze zu besteigen und die Einzelheiten des reich gegliederten oberen Turmteils aus nächster Nähe zu betrachten. Im Sommer 1922 war der Turm nach fast 10 Jahren von seiner Umhüllung wieder befreit.

Der ursprüngliche Plan, auch die untere Turmhälfte zu restaurieren, ließ sich nicht mehr verwirklichen. Allgemeine Wirtschaftskrise und Inflation hatten nach Ende des Ersten Weltkrieges das Vermögen des Münsterbauvereins vernichtet. Die Bauhüttenbelegschaft, die noch 1919 mit 28 Werkleuten (!) und 3 Lehrlingen ihren Höchststand hatte, war 1920 auf 7 Mann und 1 Lehrling gesunken. 1923 mußten alle Werkleute entlassen werden. Es blieben nur noch der Münsterbaumeister und der Werkmeister, deren Gehälter Staat und Stadt übernahmen. Der Werkbetrieb in der Bauhütte wurde vorübergehend eingestellt, die Bauhütte dem staatlichen Hochbauamt unterstellt.

Die Turmrestaurierung von 1957 bis 1980

Erst 35 Jahre später konnte die Instandsetzung des Hauptturmes wieder aufgenommen werden. Dazwischen lagen Notzeiten unvorstellbaren Ausmaßes.[11] Nach dem finanziellen Zusammenbruch durch die Inflation war der Münsterbauverein auf Zuschüsse von Staat, Reich und Kreis angewiesen, die jedoch nur noch Restaurierungsarbeiten kleineren Umfangs zuließen. 1932 hatte der Verein zwar die Bauhütte zurückerhalten und damit seine Selbständigkeit wiedererlangt, doch konnte man sich nach dem Tod von Friedrich Kempf im Jahr 1932 keinen eigenen Münsterbaumeister mehr leisten und übertrug die Arbeiten dem

11 Siehe hierzu Paul Booz: Fünfundsiebzig Jahre Münsterbauverein, 75 Jahre Münsterpflege, in: 75 Jahre Münsterpflege, Freiburger Münsterbauverein 1890-1965 (Anm. 1), S. 134 ff. und die Geschäftsberichte des Freiburger Münsterbauvereins für die genannten Jahre.

Leiter des Erzbischöflichen Bauamtes. Erst 1965 wurde mit Dr. Ing. Paul Booz wieder ein hauptamtlicher Münsterbaumeister berufen. Der Ausbruch des Zweiten Weltkrieges im Jahr 1939 führte zu einem neuen wirtschaftlichen Einbruch, von dem sich der Verein nur allmählich erholte. Eine finanzielle Besserung trat nach der Währungsreform 1948 ein. Anfang der 50er Jahre waren die Restaurierungsarbeiten dank der öffentlichen Zuschüsse, die während der Kriegsjahre eingestellt waren, wieder auf eine feste finanzielle Basis gestellt. Größere Restaurierungen waren nun möglich: So von 1952 bis 1957 die Instandsetzung des südlichen Hahnenturms, von 1956 bis 1961 die des nördlichen Hahnenturms und seit 1957 die Restaurierung des Hauptturms.[12] 1954 war ein fast 10 kg schwerer Quaderstein vom Münsterturm auf das Dach eines Verkaufstandes gefallen. Damit zeigte sich mit erschrekkender Deutlichkeit, wie dringend die Instandsetzung des Hauptturms war. Die Arbeiten wurden 1957 mit der Errichtung eines Bauzauns begonnen, welcher die Passanten gegen abfallende Steintrümmer schützen sollte. Wenige Monate später folgte auf der Südseite der Aufbau eines großen Stahlrohrgerüstes, das die Bauhütte nach den Vorbildern am Ulmer Münster und am Kölner Dom nun zukünftig verwandte. Gegenüber den bisherigen Holzgerüsten bot es viele Vorteile: Es war leichter, dauerhafter, vielseitig verwendbar und konnte durch die Münsterbauhütte selbst errichtet werden. Vom Gerüst aus zeigte sich das ganze Ausmaß

12 Zu der Restaurierung des Hauptturms siehe die Geschäftsberichte des Freiburger Münsterbauvereins 1956, 1957 u. 1963. Die Geschäftsberichte erschienen damals leider nur noch unregelmäßig und wurden ab 1964 völlig eingestellt. Über die Arbeiten am Turm in den nachfolgenden Jahren berichten zusammenfassend Paul Booz (Anm. 11), S. 166 ff. und Heinz Triller: 100 Jahre Freiburger Münsterbauverein, 100 Jahre Freiburger Münsterbauhütte, in: 100 Jahre Freiburger Münsterbauverein 1890-1990 (Anm. 1), S. 53-70. Im Archiv der Bauhütte befinden sich nur vereinzelt schriftliche Unterlagen (Verwendungsnachweise, Sitzungsprotokolle, Zeitungsberichte) und Pläne zu den verschiedenen Maßnahmen.

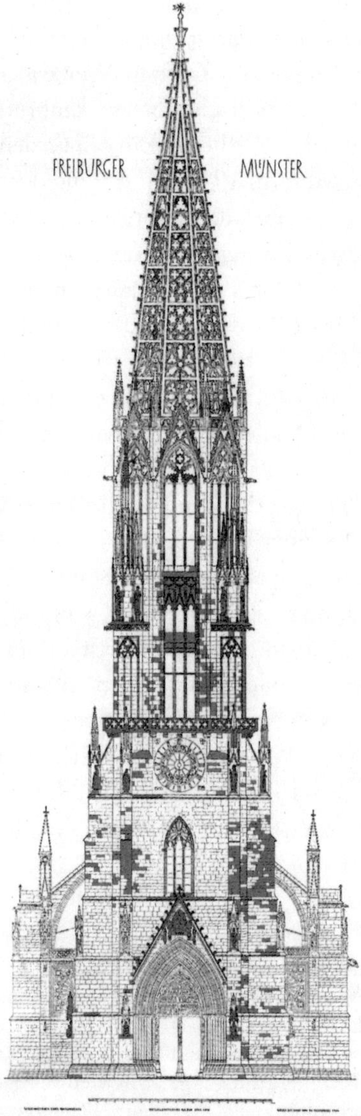

Abb. 11 Die roten Flächen markieren Steine und Skulpturen, die bei der Turmrestaurierung (1957-1980) ersetzt wurden.

des katastrophalen Bauzustandes: Große Schalen lösten sich von den Quadern, Zier- und Architekturteile waren von Rissen durchzogen und zerbröselten, Fugen waren ausgewaschen, so daß Wasser und Frost in das Innere des Turmmauerwerks dringen konnte. Selbst die Anfang des Jahrhunderts wiederhergestellten Bereiche des Turms wiesen starke Verwitterungs- und Umweltschäden auf und mußten erneut saniert werden. Um diese umfangreiche Aufgabe bewältigen zu können, entschloß man sich 1959, die Münsterbauhütte zu erweitern und zu modernisieren. Die alte Bauhütte in der Herrenstraße wurde als Arbeitsstätte aufgegeben, in der Schoferstraße die neue Münsterbauhütte mit einer modernen Entstaubungsanlage, Maschinen und 13 Arbeitsplätzen ausgebaut. Seit der Inflationszeit, der schweren Arbeitslosigkeit, Naziherrschaft und der Nachkriegszeit hatten durchschnittlich 5 Werkleute in der Bauhütte gearbeitet; nun wurden 13-15 Steinmetze tätig.

Als erstes erneuerte man das schwer geschädigte Maßwerk der Sterngalerie, dann folgten die Sanierung der Turmspitze und nach und nach alle vier Seiten des Hauptturms. Im Zuge der über 20 Jahre dauernden Arbeiten wurden im großen Umfang schadhafte Teile aller Art (Quader, Laubwerk, Architekturteile, Blendmaßwerke, figürliche Plastik) ausgebaut und durch neue Steinteile ersetzt (Abb. 11). Von den insgesamt 48 Großplastiken, die in verschiedenen Geschossen den Turm umgeben, hatte man 38 durch Kopien ausgetauscht (Abb. 12). Sie waren teilweise von privaten Spendern gestiftet worden, deren Namen in den Konsolen eingeschlagen sind. Die Originale kamen in die Steinsammlung der Bauhütte und in das Freiburger Augustinermuseum. Zwei Figuren (ein Prophet und ein Wasserspeier), die vermutlich im 18. Jahrhundert zerstört wurden, ersetzte man durch moderne Plastiken.

Neben der reinen Steinsanierung hatten die Arbeiten auch andere Aufgaben umschlossen. So führte man feuersichernde Maßnahmen durch, erneuerte die elektrischen Installationen, die

Abb. 12 Kopien von zwei Turmskulpturen im Hof der Münsterbauhütte

Blitzableiter und den Personenaufzug. Besonders spektakulär war die Neubemalung des Zifferblattes von der Turmuhr nach vorgefundenen Resten um 1500.

Die letzte Etappe bildete die aufwendige Sanierung des 50 m hohen und durchbrochenen Wendeltreppenturms an der Nordostecke des Hauptturms von 1978 bis 1980 (Abb. 13). Wegen der großen Schäden am feingliedrigen Steinwerk, verursacht durch

Abb. 13 Eingerüstete Wendeltreppe an der Nordostecke des Turms, 1978

Verwitterung, Bombendetonationen im Zweiten Weltkrieg und durch den Rost der zahlreichen mittelalterlichen eisernen Klammern, Zugstangen und Verdübelungen, mit denen alle Steinteile fest verbunden waren, mußte der Turm bis zum Sockel vollständig abtragen werden. Unter Verwendung von altem und neuem Material wurde er originalgetreu wieder aufgebaut. Fast ein Jahr blieben die Turmplattform und die Turmspitze für die Besucher unzugänglich, da der Treppenturm der einzige Aufgang zur oberen Turmpartie ist.

Ende 1982 war der Hauptturm von allen Gerüsten und Absperrungen befreit. In den 25 Jahren der Turmsanierung waren insgesamt 600 Kubikmeter neues Sandsteinmaterial, das aus der Gegend von Freudenstadt und aus dem Maintal kam, verbaut worden. Man hoffte, daß der Turm für mindestens 100 Jahre gerüstfrei bleibt. Ein Irrtum, wie sich leider schon ein Jahrzehnt später herausstellte.

Die Turmrestaurierung seit 1994

Bei Kontrollüberprüfungen im Jahr 1994 stellte man größere Schäden an den Fenstersprossen der Oktogonfenster fest. An den Steinen hatten sich entlang der Lagerungen Risse gebildet, die ein umgehendes Handeln erforderten. Sofort wurden zwei Fenster eingerüstet und die Pfosten mit Kupfermanschetten ummantelt. Eine umfangreiche Planung zum Beheben der Schäden lief an. Das Sanierungsprogramm umfaßte auch die Wimperge (Giebel) und das Maßwerk der acht Oktogonfenster.

Noch während der Restaurierungsvorbereitungen machte in den Morgenstunden des 21. Oktobers 1994 eine Schreckensnachricht die Runde: Auf der Plattform des Hauptturms war durch einen defekten Baustromverteiler eine Baubude in Brand geraten. Meterhohe Flammen schlugen aus den Fenstern und ließen Schlimmstes befürchten. (Abb. 14). Dank des schnellen Einsatzes der Feuerwehr konnte zwar eine Katastrophe abgewendet werden. Doch waren durch das Löschwasser zusätzliche Schäden in der Achteckhalle entstanden, die eine Ausdehnung der geplanten Sanierungen erforderten. Der Brand hatte dramatisch vor Augen geführt, wie wichtig genaue Pläne des Münsters sind, um im Falle einer Zerstörung Bauteile wiederherstellen zu können. Nur etwa die Hälfte der Substanz des Münsters waren bis dahin durch die modernen Mittel der Fotogrammetrie in ihrem Bestand exakt

Abb. 14 Brand auf der Turmplattform im Oktober 1994

erfaßt. Von den oberen, schwer zugänglichen Teilen des Oktogons und der Maßwerkpyramide des Hauptturms gab es dagegen lediglich Handzeichnungen. Dieses Manko galt es nun dringend zu beseitigen. Mit großzügigen Spenden der Wirtschaft, von Institutionen und Einzelpersonen konnten die fehlenden fotogrammetrischen Aufnahmen vom Helikopter aus im April 1995 durchgeführt werden (Abb. 15). Die kostspielige Auswertung der Aufnahmen mußte jedoch noch fast 10 Jahre warten. Erst 2004 kann sie durch die großzügige Spende eines Freiburger Bürgers erfolgen. Diese Spende ermöglicht auch die noch fehlenden Meßbildaufnahmen und ihre Auswertung für die unteren Turmbereiche.

Abb. 15 Meßbildflug im Mai 1995

Die Sanierung begann 1995 mit dem nordwestlichen Oktogonfenster.[13] Hier waren die Schäden besonders groß. Alle 16 Giebelkrabben, die von der Restaurierung Anfang des 19. Jahrhunderts stammten, mußten wegen gefährlicher Risse ausgewechselt werden. Auch die Giebelkreuzblume und der Posaunenengel, Kopien aus den 70er Jahren, wurden durch neue Steinkopien ersetzt.

13 Zu der Sanierung der Oktogonfenster siehe Münsterblatt (Anm. 1), S. 2-10, 1995-2003. Die vorgefundenen Steinschäden und die Sanierungsmaßnahmen sind detailliert in Plänen dokumentiert (»Schadens- und Maßnahmenkartierung«). Seit 2002 werden sämtliche Restaurierungsarbeiten der Münsterbauhütte einmal jährlich in einer sog. »Arbeitsdokumentation« beschrieben.

Anschließend erfolgte die Sanierung des Südfensters und des Südwestfensters. Am Südwestfenster wurden zusätzlich Teile des sich darunter befindenden Dreikantpfeilers eingerüstet, da die in den 70er Jahren erneuerten Zierteile an den Figurengehäusen – Fialen, Kreuzblumen und Blattfriese – starke Schäden aufwiesen. Sie wurden durch Kopien ersetzt wie auch der Posaunenegel auf der Spitze. Seit 2002 ist das Südostfenster in Arbeit. Auch hier mußte man das Gerüst bis auf den oberen Bereich des Dreikantpfeilers hinunterziehen. Neben einzelnen Steinauswechslungen wurden dort zum ersten Mal versuchsweise beschädigte Steine konservatorisch aufgearbeitet und abschließend mit einem Schutzanstrich gegen Verwitterung versehen. Ende 2004 werden die Arbeiten voraussichtlich beendet sein. Für die Sanierung der noch verbleibenden vier Oktogonfenster rechnet man mit circa acht Jahren. Ob der Turm danach endlich wieder gerüstfrei ist, läßt sich nicht voraussagen. Dies hängt von den Kontrollüberprüfungen ab, die von der Münsterbauhütte regelmäßig alle vier Jahre am gesamten Münsterturm durchgeführt werden.

Die Bewahrung eines kostbaren Erbes: unsere niemals endende Aufgabe

Mit viel Energie, Glaube und Hoffnungen wurde der Freiburger Münsterturm als markantes Wahrzeichen der Stadt im Mittelalter erbaut. Doch ebenso groß waren die Anstrengungen späterer Generationen, ihn zu erhalten. Die größten Gefahren gingen von Blitzeinschlägen und Kriegen aus. Aber auch die natürliche Verwitterung durch Regen, Wind und Frost, vor allem aber die Luftschadstoffe in jüngster Zeit haben den Münsterturm in seiner Substanz gefährdet. In den 1970er Jahren stellte man aus diesem Grund die Ölheizungen in der Altstadt auf umweltfreundliches Erdgas um. Man hatte erkannt, daß die Schwefeldioxydabgase aus den Kaminen insbesondere in Verbindung mit Feuchtigkeit Natur und Bauwerke zerstören. In diesem Zusammenhang stand auch die Sperrung des Münsterplatzes für Autos Ende der 70er Jahre.

Die Turmrestaurierungen waren gekennzeichnet von großer Sorgfalt und Umsicht. Mehrmals holte man den Rat von auswärtigen Experten ein, um das Weiterbestehen dieses wichtigen Baudenkmals zu sichern. Obwohl man schon vor hundert Jahren bemüht war »...das bestehende Alte mit seinen Schönheits- und Stimmungswerten zu respektieren und nur da Hand anzulegen, wo dies aus zwingenden Gründen unerläßlich ist « (Kempf 1930), wurden im Laufe der Zeit viele originale Steine und Skulpturen aus der Erbauungszeit durch neue Steinteile ersetzt. So ist der Turm heute ein Gefüge aus verschiedenen Zeiten und Materialien: Zur Zeit des Turmbaus kamen die verschiedenfarbigen Sandsteine hauptsächlich aus den Steinbrüchen in der Nähe von Emmendingen, aus Tennenbach und Allmendsberg. Bei späteren Restaurierungen verbaute man Sandsteine aus Tennenbach (16. Jh.), Allmendsberg (1913-1921), Freudenstadt und aus dem Maintal (1959-1980). Heute kommen die Sandsteine aus Kenzingen, Lahr und Posta (Sachsen). Diese Steine sind besonders widerstandsfähig, und man hofft auf eine Lebensdauer von ca. 100 Jahren.

Nur noch schwer lassen sich die Erneuerungen früherer Zeiten beurteilen. Nach Aussage Friedrich Kempfs waren die Ausbesserungen der Vergangenheit »soweit es sich um Ergänzungen oder um Nachbildungen handelt, fast immer in der Formengebung des jeweils herrschenden Stils« (Protokoll der Freiburger Münsterbau- und Kunstkommission am 15. Oktober 1919). Seit Beginn des 20. Jahrhunderts wurden die Wiederherstellungen »besonders der Gliederungen und Zierteile streng in den überlieferten Formen und unter gewissenhafter Beobachtung der alten Arbeitsweise und Technik ausgeführt« (Kempf 1930). Aus diesem Grund legte man damals eine große Sammlung von Gipsabgüssen aller wichtigen Architekturteile und Skulpturen an, die als Grundlage für die Kopierarbeiten dienten.

Auch heute ist das oberste Gebot, historische Substanz – auch die vergangener Restaurierungen – zu erhalten und zu konservieren. Nur wo es unvermeidlich ist, werden zerstörte Teile durch originalgetreue Kopien ersetzt. Weniger schwer beschädigte Steine werden steinrestauratorisch behandelt, d.h. gekittet, gefestigt und kleine Fehlstellen mit Steinersatzmörtel geschlossen. Denn das Ziel ist, den Münsterturm mit all seinen Altersspuren zu erhalten. Nur so kann er in seiner heutigen Erscheinung an spätere Generationen weitergegeben werden.

Bernhard Laule und Heinfried Wischermann

Der Freiburger Münsterturm

Bemerkungen zu seiner Entstehung und seinen Vorbildern

Wenn man bedenkt, daß die Freiburger Universität seit 1872/1901 ein Institut für Christliche Archäologie und Kunstgeschichte und seit fast 100 Jahren auch ein Institut für Kunstgeschichte[1] besitzt, dann ist es höchst verwunderlich, daß es bis heute keine vorzeigbare Monographie des Freiburger Münsters, des bedeutendsten Denkmals der südwestdeutschen Sakralbaukunst des Mittelalters, gibt.

Für das Basler Münster[2] liegt mit Karl Stehlins *Baugeschichte des Basler Münsters* von 1895 ein reich illustriertes Standardwerk vor. Für das Straßburger Münster kann man immerhin auf Hans Reinhardts[3] – nicht unbedingt erschöpfende – Arbeit von 1972 zurückgreifen. Über Freiburgs Münster schrieb leider kein Gelehrter des 18. Jahrhunderts wie der Abbé Grandidier,[4] statt dessen verfaßten Kunsthistoriker, Denkmalpfleger, Architekten, Germanisten, Theologen, Kunstmaler und Belletristen des 19., 20. und 21. Jahrhunderts zahlreiche Aufsätze, kleine und große Kirchenführer, Bildbände und Kurzmonographien über das einzige hervorragende Baudenkmal der Dreisam-Stadt. Die Herausgeber der deutschsprachigen *Kunstdenkmäler-Topographie*[5] haben nach der

1 Es gibt leider keine neuere Geschichte der Freiburger Universität und ihrer Institute.

2 Karl Stehlin: Baugeschichte des Basler Münsters, 3 Bde., Basel 1895.

3 Hans Reinhardt: La cathédrale de Strasbourg, Grenoble 1972.

4 Philippe André Grandidier: Essais historiques et topographiques sur l'église cathédrale de Strasbourg, Strasbourg 1782.

5 Ein nützliches Verzeichnis der Inventare der BRD findet man in der Zeitschrift »Deutsche Kunst und Denkmalpflege« 26 (1968), S. 123 ff.

Bearbeitung der Konstanzer Bischofskirche[6] deren Freiburger Nachfolger als Sitz der oberrheinischen Diözese offenbar vergessen.

Für das Freiburger Münster existiert nicht einmal ein Literaturbericht, der die seit dem Beginn der kunsthistorischen Auseinandersetzung mit dem Bau und seinen Problemen erschienene Sekundärliteratur chronologisch und kritisch referiert haben könnte. Nicht verwunderlich ist es da, daß weder eines der genannten Universitätsinstitute noch die Universitätsbibliothek, die Bibliothek des Erzbischöflichen Ordinariats, die des Augustinermuseums, das Stadtarchiv oder das Alemannische Institut die seit etwa 1820 erschienene Forschungsliteratur vollständig besitzt. Selbst die Bibliothek des seit 1890 bestehenden »Münsterbauvereins«[7] verfügt über die Publikationen zu seinem Dauerpflegefall nur in Auswahl.

Die seit 1999 laufenden Restaurierungsarbeiten an der Vorhalle des Münsters brachten die Verfasser auf die Idee, zumindest für einen Teil der Kirche – den Westturm, der seit langem als »schönster Turm der Christenheit«[8] gilt – die Forschungsliteratur möglichst vollständig zu sammeln und kritisch-wertend vorzustellen. Mittlerweile haben wir fast 150 Titel ermittelt. Übrigens muß man wohl kaum erwähnen, daß es bisher auch keine Erfassung der Bild- und Textquellen zum Münster gibt. Aber vielleicht kommt es doch noch in den nächsten Jahren zur Bildung

6 Heribert Reiners: Das Münster Unserer Lieben Frau zu Konstanz (Die Kunstdenkmäler Südbadens I), Konstanz 1955.

7 Seit 1892 erscheinen in unregelmäßiger Folge Geschäftsberichte des Vereins, erstmals: Franz Xaver Kraus: Der Freiburger Münsterbauverein und Allgemeiner Geschäftsbericht für 1891, Freiburg i.Br. 1892.

8 Vom »schönsten Turm der Christenheit« sprach erstmals angeblich Jacob Burckhardt. Gemeint ist wohl eine Briefstelle, in der Burckhardt Straßburg und Freiburg »die beiden schönsten Dome der Christenheit« nennt (Briefe, Ausgabe 1949, S. 27), die Bemerkung könnte aber auch auf einen seiner Vorträge zurückgehen (vgl. Vorwort).

einer Arbeitsgruppe, die ähnlich wie vor Jahren in Speyer[9] oder kürzlich in Augsburg[10] zumindest eine vollständige Dokumentation des Bauwerks und seiner Geschichte in Angriff nimmt.

In den folgenden kurzen Abschnitten soll unser Wissen über den Turm (Abb. 1) – seine Merkmale, seine Datierung und seine Vorbilder – in gedrängter Form vorgestellt werden. Dabei werden wir auf das Bildprogramm der Vorhalle, die durch die Restaurierung gewonnenen Erkenntnisse und auch auf den Figurenschmuck des Turmäußeren nicht näher eingehen. Es geht hier nur um den Turmbau, der zunächst kurz beschrieben und charakterisiert werden soll.

Der Freiburger Turm ist ein dreiseitig freistehender Westeinturm vor dem Mittelschiff einer Basilika, der wegen seiner gewaltigen Mauerstärke die Westfront der beiden Seitenschiffe arg bedrängt. Er ist nicht – wie etwa die gotischen Eintürme der Stadtpfarrkirchen in Reutlingen oder Ulm – auf das mittlere Westjoch eines dreischiffigen Langhauses gesetzt. Er ist der Hauptakzent dieser Kirche und des Stadtbildes, er ist ein Großquaderbau aus drei aufeinander gesetzten (quadratischer Unterbau, Oktogon, Helm) Teilen, wobei die innere und die äußere Einteilung (Abb. 2) nicht übereinstimmen.

Den fast quadratischen Turmkern stützen an der NW- und SW-Ecke je zwei kraftvoll vorspringende Strebepfeiler, zwischen denen die Turmecke sichtbar ist. Drei durchgehende Wasserschlaggesimse teilen das Erdgeschoß in drei Abschnitte. Die Abstützfunktion der Strebepfeiler wird auf der Ostseite von zwei Treppentürmen, den Seitenschiffwestwänden und deren Strebewerk übernommen. Diese Wände, deren kleine Rosenfenster von den ausladenden Strebepfeilern in der Ansicht halbiert werden, haben die gleiche Gesimshöhe wie der Turmkörper. Ein

9 Hans E. Kubach, Walter Haas: Der Dom zu Speyer (Die Kunstdenkmäler von Rheinland-Pfalz 5), 3 Bde., Berlin 1972.

10 Denis A. Chevalley u.a.: Der Dom zu Augsburg (Die Kunstdenkmäler von Bayern N.F. I), München 1995.

Abb. 1 Freiburg, Münster (um 1945)

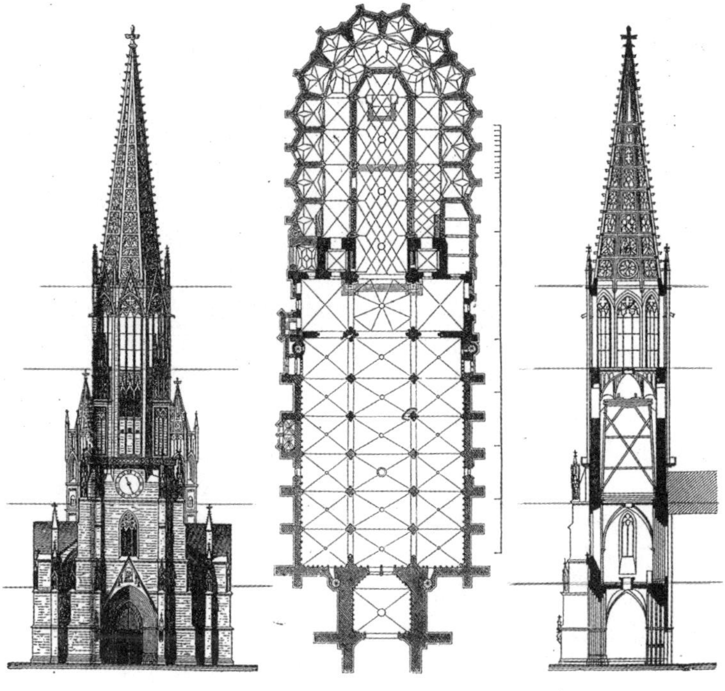

Thurmfront. Grundriss. Thurm-Längsschnitt.

Abb. 2 Freiburg, Münsterturm

reich gegliederter Spitzbogen öffnet die Turmwestseite in ganzer Breite in eine hohe und weite Vorhalle, von der ein vielteiliges und figurenreiches Portal in die Kirche führt. Ein Zyklus unterlebensgroßer Figuren dekoriert die Zwickel einer Blendarkatur über einer zweistufigen Sitzbank auf der N- und S-Seite der Vorhalle. Diese ist vierteilig rippengewölbt. Durch den Sprengring in der Gewölbemitte, durch den Baumaterial hochgezogen wurde, blickt man in das zweite Geschoß, die Michaelskapelle.

Diese ebenfalls rippengewölbte Kapelle ist gut 3 m höher als das Erdgeschoß. Sie wird durch drei Maßwerkfenster belichtet, ihre Ostseite öffnet sich in einem riesigen Spitzbogen, der die gesamte Turmhochwand abfängt, ins Mittelschiff.

Offenbar endete die erste Bauphase des Turmes knapp über dem Gesims am Fuße des Uhrengeschosses. Im Turminneren liegt genau auf dieser Höhe (Abb. 3) die obere Kante eines direkt über dem Gewölbe der Michaelskapelle umlaufenden Mauerrücksprungs, der einen gewaltigen, 18 m hohen Glockenstuhl aus Nadelholzstämmen trägt. Die Konstruktion, deren Mitte zum Aufziehen von Lasten durch die Sprengringe der unteren Geschosse mit Hilfe eines Tretrades offen blieb, muß vor dem Bau ihrer Umfassungsmauern frei gestanden haben, sonst hätte man ihre langen Holznägel nicht von außen einschlagen können. Eine Zeitlang muß das eindrucksvolle Beispiel der Zimmermannskunst der Witterung ausgesetzt gewesen sein.

Nach der Einwölbung der Westjoche des Mittelschiffs und damit der endgültigen Benutzbarkeit des Langhauses und der Westempore wurden die Arbeiten am Turm nach den Plänen eines neuen Meisters fortgesetzt. Dieser setzte an die Stelle eines quadratischen Freigeschosses um den Glockenträger bereits kurz über der Uhr ein Oktogon an. Er bewahrte innen um den Glockenstuhl, der erheblich ins Oktogon aufsteigt (Abb. 2), den viereckigen Grundriß, verwandelte aber das Äußere in einen Zwölfeckstern, der bereits die Konstruktionsart des Oberbaus erkennen läßt: Vier dreiseitige Eckpfeiler, an die die aufsteigenden Strebepfeiler mit starker Schrägung herangeführt sind, stützen das Oberteil, die Kanten des Achtecks sind spornartig vorgeschoben. Die Figurentabernakel auf den Strebepfeilern und die dekorativen Teile der Steinhelme auf den beiden Treppentürmen (Maßwerkblenden, Krabben etc.) zeigen bereits Formen der fortgeschrittenen Hochgotik. Da das Oktogon nicht über einem vollen Quadrat errichtet werden konnte – die O- und W-Seiten sind kürzer als die N- und S-Seiten –, kam es zu Unregelmäßigkeiten in der Pyramide. Das Zwölfeck als Übergangslösung vom Quadrat zum Achteck wird außen durch die Sterngalerie mit ihrer Maßwerkbrüstung sichtbar, die die letzte durchgehende Turmhorizontale bildet.

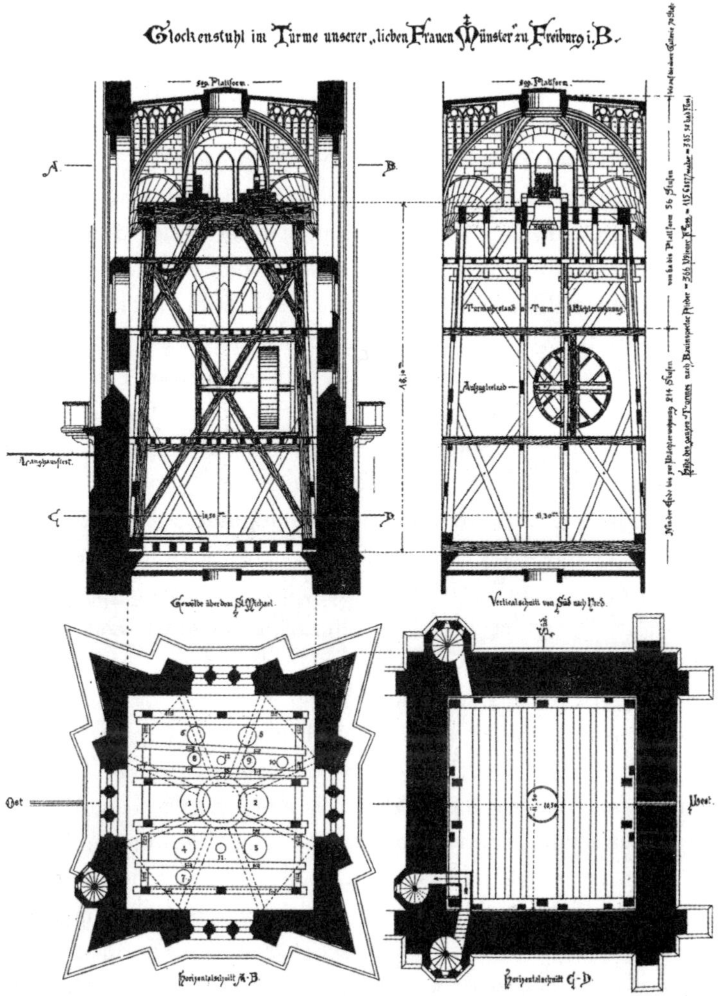

Schau-ins-Land.1883.

Abb. 3 Freiburg, Münsterturm

Von der Sterngalerie an dominiert der Aufwärtstrieb. 33 m hoch schießt das Achteck empor. Maßwerkblenden unter figurengeschmückten sechseckigen Bekrönungen verkleiden die Dreikantpfeiler. Die Ecken des Oktogons sind als scharfe Kanten bis zur Galerie am Fuße der Pyramide zu verfolgen. Die schlanken, von krabbenbesetzten Wimpergen gekrönten Maßwerkfenster der vier Hauptturmseiten sind dreibahnig. Die störende Vermauerung des unteren Abschnitts wurde erst durch den Einbau einer Türmerstube – wohl im 18. Jh. – verursacht. Ursprünglich konnte man von unten in den Glockenstuhl hineinschauen. Die mittlere horizontale Unterteilung der Fensterbahnen wurde durch das höchst ungewöhnliche Gewölbe – acht Rippen steigen ohne Gewölbekappen zu einem Sprengring auf – bewirkt, das eine Steinplattform trägt.

Von dieser Plattform an sind die Oktogonseiten nahezu identisch, ihre Maßwerkgitter öffnen sich dem Lichte und der Luft: umwerfende 61 m hoch bis in die Spitze des Helms, zu dessen Fußgalerie von hier aus eine Treppenspindel führt. Der bis zur Kreuzblume leicht gebauchte Turmhelm setzt die auf Abb. 1 und 2 gut zu verfolgende Entschwerung und Auflösung der Fläche des Oktogons fort. Zwischen seine acht Rippen über den Pfeilern des Achtecks sind Maßwerkfelder gespannt, seine Schutzfunktion als Dachaufsatz hat er völlig verloren. Vor Regen und anderen Wettereinflüssen schützt nur die genannte Steinplatte die unteren Räume.

Trotz der auffallenden Unterschiede seiner Geschosse hat der Münsterturm eine überzeugend proportionierte, einheitlich wirkende Gestalt – ganz im Gegensatz etwa zu den Fassadentürmen in Basel und Straßburg mit ihren unorganisch aufgesetzten Freigeschossen. Den beiden Baumeistern der Freiburger Pfarrkirche ist gelungen, was keinem Kathedralarchitekten der Hochgotik glückte: einen Riesenturm in kaum drei Generationen zu errichten. Fast überall fehlen die die Fassadentürme erst vollendenden Helme, nur Stümpfe stehen bis heute in Paris, in Laon, in Reims. Weitgehend ursprüngliche Turmhelme kann man in

Frankreich nur an St-Etienne in Caen (Abb. 4), an der Kathedrale von Chartres (Abb. 5) studieren, auch die Pyramiden des zerstörten St-Nicaise in Reims (Abb. 6) sollen mittelalterlich gewesen sein. Die deutschen Bischofskirchen des 13. Jahrhunderts erhielten ihre Fassadentürme (Köln, Regensburg) meist erst im 19. Jahrhundert,[11] allerdings z.T. nach mittelalterlichen Plänen.

Die Planungs- und Baugeschichte des Freiburger Münsterturmes kann in groben Zügen als gesichert gelten: Die Westjoche des Langhauses entstanden ab etwa 1250/60. Nach der Errichtung der Seitenschiffaußenmauern und der Fortsetzung der Mittelschiffwand nach Westen unterbrach man die Arbeiten an letzterer mehrere Meter vor der Westwand. Man baute ab etwa 1260 das annähernd quadratische Turmunterteil und benutzte die Westwand der Seitenschiffe als Verstrebung des Turmes. Die im Westjoch des Mittelschiffs auf beiden Seiten sehr gut erkennbare Lücke zwischen der bereits errichteten Mittelschiffwand und der östlichen Turmseite (Baunaht) kann erst geschlossen worden sein, als der Turmunterbau samt Michaelskapelle stand. Der unabhängig von den Außenwänden errichtete Glockenstuhl über der Michaelskapelle kann dendrochronologisch auf 1290/91 und das Dachwerk des Langhauses mit derselben Methode auf 1301 datiert werden,[12] d.h. frühestens in dieser Zeit kann die Hosanna, die 1258 datierte größte Glocke, an ihre heutige Stelle gebracht worden sein. Nach einer Bauunterbrechung – der verschalte Glokkenstuhl muß wegen seiner Verwitterungsspuren einige Zeit frei gestanden haben – kam ein neuer Meister, der von etwa 1300 bis 1330/40 den Turm mit einer Zwölfeckgalerie, mit Oktogon und Helm vollendete.

11 Alexander von Knorre: Turmvollendungen deutscher gotischer Kirchen im 19. Jahrhundert (Diss. Köln 1973), Köln 1974.

12 Zu den Dendro-Daten vgl. das unpublizierte Gutachten von Burkhard Lohrum (2001) sowie Josef Freiherr von Hornstein: Die Tannengebälke des Konstanzer und des Freiburger Münsters und ihre Auswertung, in: Alemannisches Jahrbuch 1964/65, S. 239 ff.

Abb. 4 Caen, St-Etienne: Westfassade

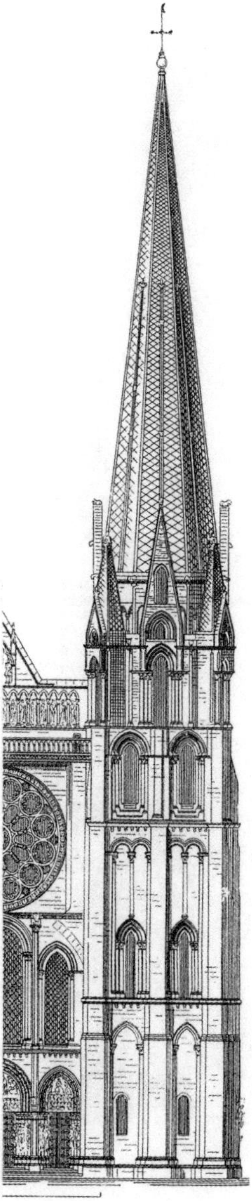

Abb. 5 Chartres, Kathedrale: Südturm der Fassade

Da seit langem niemand mehr glaubt, der Turm sei das Werk nur eines Meisters,[13] ergibt sich die Aufgabe, den Turmplan des ersten Meisters, von dem nur der quadratische Unterbau samt Glockenstuhl (um 1260 bis um 1290) verwirklicht wurde, zu rekonstruieren. Da alle Schrift- und Bildquellen aus dieser Bauzeit fehlen, sind wir auf Vergleiche angewiesen. Die zentrale Frage lautet also: Wie sahen der Oberbau und der Abschluß quadratischer Fassadentürme vor 1250 aus. Dabei könnte man die Suche auf Westeintürme beschränken, man kann sie aber auch – was Werner Noack[14] und Ernst Adam[15] getan haben – auf Doppelturmfassaden ausdehnen. Adam verwies zu Recht auf

13 An zwei Turmmeister glaubte als erster offenbar Franz Kugler (Der Münsterturm von Freiburg im Breisgau, in: Jules Gailhabaud: Denkmäler der Baukunst, Hamburg/Leipzig 1852, III o.S.).

14 Werner Noack: Der Freiburger Münsterturm, in: Badische Heimat 28 (1941) S. 226 ff.

15 Ernst Adam: Der Freiburger Münsterturm, Diss. München 1952; ders., Der Turm des Freiburger Münsters, in: Schauinsland 73 (1955), S. 18 ff.

Abb. 6 Chartres, Kathedrale und Sées, Kathedrale: Südtürme der Westfassaden

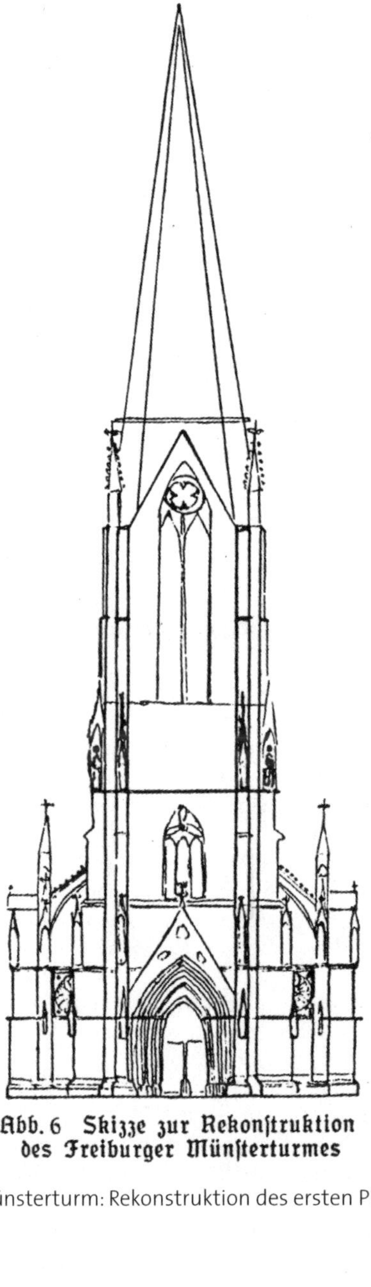

Abb. 6 Skizze zur Rekonſtruktion des Freiburger Münſterturmes

Abb. 7 Freiburg, Münsterturm: Rekonstruktion des ersten Plans (E. Adam) eine auffallende stilistische Nähe des ersten Turmprojektes, das er zeichnerisch vorstellte (Abb. 7) zu den Türmen der Elisabethkirche in Marburg,[16] an denen sich ähnlich geschlossene Mauern, Eckstrebepfeiler und Wasserschläge an Pfeilerrücksprüngen finden. Einen »engen Bauhüttenzusammenhang« – so Adam – zwischen Freiburg und Marburg wird man aber wohl nicht annehmen dürfen, zumal die Innenlösung der Türme nur in groben Zügen übereinstimmt (Abb. 8). Es mag durchaus sein, daß der Freiburger Turmentwerfer sich auch an Doppelturmfassaden der deutschen Frühgotik orientiert hat, entscheidend ist, daß er seine Erfahrungen auf eine Einturmlösung anzuwenden wußte. Da das Freiburger Münster, das als Grabkirche des letzten Zähringers und als Stadtpfarrkirche begonnen worden war,[17] in der Zeit der Turmplanung wohl nur noch von den Stadtbewohnern als Bürgerkirche[18] vollendet wurde, kam ihm nur eine Einturmfassade zu.

Der Westeinturm ist am Oberrhein seit der Wende zum zweiten Jahrtausend bekannt und verbreitet, er tritt häufig an Pfarr-, selten an Klosterkirchen auf. Von romanischen, dreiseitig

16 Georg Moller: Die Kirche der hl. Elisabeth zu Marburg, in: Denkmähler der deutschen Baukunst, Darmstadt o.J. (um 1825); vgl. u.a. Matthias Müller: Der zweitürmige Westbau der Marburger Elisabethkirche (Diss. Marburg 1994, Marburger Stadtschriften 60), Marburg 1997.

17 Vgl. Heinfried Wischermann: Grabmal, Grabdenkmal und Memoria im Mittelalter (Berichte und Forschungen zur Kunstgeschichte 5), Freiburg i.Br. 1980, S. 19-23. Die Versuche von Rüdiger Becksmann und Karl Schmid, aus der um die Mitte des 14. Jahrhunderts erneuerten Grabfigur Bertholds II. einen Grafen von Freiburg zu machen (Die Zähringer. Anstoß und Wirkung, Sigmaringen 1986, S. 7 und 425 ff.), sind nicht überzeugend.

18 Zur Übernahme bischöflicher Bauunternehmungen durch das Bürgertum vgl. u.a. Peter Wiek: Das Straßburger Münster. Untersuchungen über die Mitwirkung des Stadtbürgertums am Bau bischöflicher Kathedralkirchen im Spätmittelalter, in: ZGO 107 (NF 68) 1959, S. 40 ff.; zu Pfarrkirchen allgemein vgl. Klaus Jan Philipp: Pfarrkirchen. Funktion, Motivation, Architektur. Eine Studie am Beispiel der Pfarrkirchen der schwäbischen Reichsstädte im Spätmittelalter (Studien zur Kunst- und Kulturgeschichte 4), Marburg 1987.

Abb. 8 Marburg, Elisabeth-Kirche: Südturm der Westfassade

freistehenden Eintürmen hat der Freiburger Meister wesentliche Elemente der inneren Aufteilung übernommen: Eine tonnen- oder gratgewölbte Eingangshalle begegnet am Oberrhein schon seit dem frühen 11. Jahrhundert in Ottmarsheim, in Sulzburg, am Dompeter in Avolsheim, in Hattstadt oder Altenstadt. In der Pfarrkirche von Zabern ist sie wohl erstmals rippengewölbt. Die Michaelskapelle darüber trifft man in Ottmarsheim, Sulzburg, Hattstadt und noch in Baden-Baden an. Wie das dritte Geschoß – das der Glocken – bei den romanischen Vorläufern unseres Turmes aussah, ist mangels brauchbarer Pläne, bes. fehlen Turmschnitte,[19] bislang nicht zu klären. Und schließlich steht auch die bemerkenswerte Divergenz zwischen Außengliederung und innerer Geschoßfolge in oberrheinischer Tradition. Wann dieser am Oberrhein und auch im nördlichen Baden-Württemberg – man denke an die eindrucksvollen Beispiele in Schwäbisch Hall und auf der Comburg aus dem 12. Jahrhundert – verbreitete Turmtyp in die Gotik übersetzt wurde, ist nicht einfach zu bestimmen. Der erst um 1230 gebaute, ursprünglich ebenfalls dreiseitig freistehende Westturm der Stiftskirche in Baden-Baden (Abb. 9) zeigt selbst in dieser Zeit immer noch weitgehend romanische Einzelformen (Lisenen, Gesims, Friese).

Der erste Freiburger Turmmeister sah sich vor eine anspruchsvolle Aufgabe gestellt: Er sollte einen Hochbau in der Tradition seiner Kunstlandschaft und möglicherweise sogar als Nachfolger eines kleinen Westturmes des ersten Freiburger Münsters aus dem 12. Jahrhundert[20] entwerfen – und zwar in neuen Dimensionen

[19] Die Dissertation von Halldor Soehner (Geschichte des Westeinturms im Abendland. Von seinen Anfängen bis zum Ende der romanischen Epoche, München 1944, dort S. 49 ff. eine Zusammenstellung »einseitig geöffneter Vorhallentürme«) hat leider keine Abbildungen.

[20] Vgl. Wolfgang Erdmann: Die Ergebnisse der Rettungsgrabung 1969 im Münster Unserer Lieben Frau zu Freiburg im Breisgau, in: Nachrichtenblatt der Denkmalpflege in Baden-Württemberg 13 (1970), S. 2 ff.; Volker Osteneck: Die romanischen Bauteile des Freiburger Münsters (Diss. Freiburg), Köln/Bonn 1973.

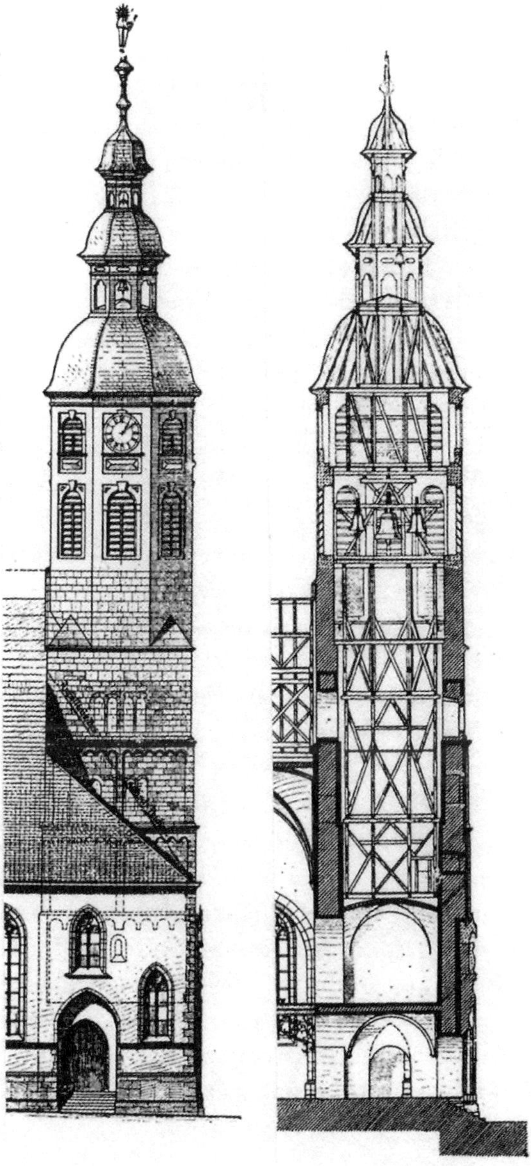

Abb. 9 Baden-Baden, Stiftskirche: Westturm

und modernen, d.h. hochgotischen Formen. Das Ergebnis war das oben bis zum Glockenstuhl beschriebene. Ergänzen muß man einen Oberbau im Stil der Unterteile: also einen quadratisch bleibenden, in allen Etagen rippengewölbten, von massiven Streben gestützten Aufbau, den ein polygonaler, geschlossener Helm bekrönt hätte und der wohl sicher auch die Höhe des heutigen erreicht hätte. Neben der oberrheinischen Baukunst der Romanik dürfte dieser erste Meister auch Einflüsse einer weiteren Kunstlandschaft übernommen haben. Waren kräftig ausspringende Strebepfeiler schon seit der Spätromanik (Chöre in Basel, Pfaffenheim, in Freiburg selbst der Vorgänger des spätgotischen) bekannt, so könnten – das hat schon Ernst Adam 1955 vermutet – burgundische Vorbilder die Zurücktreppung der Streben, die Profile der Wasserschlaggesimse, die Portalform angeregt haben. In Dijon, der Hauptstadt Burgunds, könnte besonders der seit dem späten 12. Jahrhundert entstehende Neubau der Stadtpfarrkirche Notre-Dame[21] unseren Meister fasziniert haben.

Als der erste Turmmeister die Baustelle verließ, muß um 1290/1300 ein hochbegabter Nachfolger eingetroffen sein, der den Quadrataufbau seines Vorgängers verwarf und auf höchst ungewöhnliche Weise den Turm vollendete. So einfach es ist, den ersten Turmplan zu ergänzen und die Vorbilder seiner Motive nachzuweisen, so schwierig ist es, die Herkunft des Turmvollenders und seiner Ideen (Zwölfeckgalerie, Oktogon aus Pfeilern und Maßwerkfenstern, Helm aus Rippen und Maßwerkeinsätzen) nachzuweisen. Allgemein wird – ohne detaillierte Beweisführung – gegenwärtig akzeptiert, daß dieser Meister aus Straßburg kam. Ist doch das dortige Münster (Langhaus und Fassade) der wichtigste Vermittler von hochgotischen Formen auf unsere Rheinseite, war doch dort in genau diesen Jahrzehnten die gewaltige Doppelturmfront in Arbeit und gab es doch dort angeblich nach

21 Vgl. Albrecht Gill: Notre-Dame in Dijon. Eine baumonographische Untersuchung, Diss. Freiburg i.Br. 1996.

einem Brand (1298) freistellbare Kräfte.[22] Leider wissen wir nicht genau, wie die im späten 13. Jahrhundert geplanten Freigeschosse der Straßburger Fassadentürme aussehen sollten. Zumindest wahrscheinlich dürfte sein, daß wichtige Anregungen aus der bischöflichen Bauhütte an der Ill kamen. Möglicherweise sind damals Pergamentzeichnungen ähnlich dem berühmten Straßburger Riß B nach Freiburg gelangt.[23]

Es gibt zahlreiche Beispiele für das Aufsetzen eines Polygons, das immer ein Oktogon ist, auf einen quadratischen Unterbau – etwa an Chortürmen, Vierungstürmen oder Fassadentürmen. Man betrachte z.B. die Fassadentürme der Kathedralen in Chartres (Abb. 5) oder Senlis.[24] Allerdings ist kein Beispiel eines Übergangs vom Viereck zum Achteck mittels eines Zwölfecks bekannt. Vielleicht sollte man einmal in der Goldschmiedekunst (Kelchfüße etc.) oder unter den Füßen von Taufsteinen (Magstatt, Plieningen etc.) oder Sakramentshäusern suchen. Jedenfalls ist die Absicht des Entwerfers klar: Er suchte ein Band, das den Fuß seines Achtecks, in dem ja der ältere Glockenstuhl bis etwa zur Mitte aufsteigt, verschleierte. Immerhin gibt es für das kuriose

[22] Vgl. Hans Kunze: Der Stand unseres Wissens um die Baugeschichte des Straßburger Münsters, in: Elsaß-Lothringisches Jahrbuch 18 (1939), S. 63 ff. und 20 (1942), S. 370 ff.

[23] Zum Straßburger Riß B vgl. u.a. Reinhard Wortmann: Der Westbau des Straßburger Münsters von 1275 bis 1318, Diss. Freiburg 1957; Roland Recht: Das Straßburger Münster (Große Bauten Europas 2), Stuttgart 1971, Abb. S. 38. Zu den Variationen, die seit dem späten 14. Jahrhundert zu den verlorenen Entwürfen für den Freiburger Turm entstanden, vgl. bes. Werner Noack: Die Baurisse zum Freiburger Münsterturm, in: Oberrheinische Kunst 2 (1926/27), S. 1 ff. Eine lehrreiche Untersuchung zu einem Fassadenriß aus der Bauzeit unseres Turmes schrieb Marc Steinmann: Die Westfassade des Kölner Domes. Der mittelalterliche Fassadenplan F (Forschungen zum Kölner Dom I), Köln 2003.

[24] Gute Vergleichsabbildungen bei Steinmann 2003, S. 192 ff.; zur Aufrißentwicklung gotischer Türme vgl. bes. Georg Ungewitter: Lehrbuch der gotischen Konstruktionen, 2 Bde., Leipzig 1903, S. 584 ff.

»Gewölbe« über dem Glockenstuhl eine Parallele im Brunnenhaus am Kreuzgang des Domes von Magdeburg (Abb. 10) aus dem frühen 14. Jahrhundert.

Das Oktogon selbst ist als ein Gerüst aus Pfeilern und Maßwerköffnungen ein extrem durchlichteter, Wind und Wetter geöffneter Raum gewesen – und zwar bis zur teilweisen Schließung der »Fenster« durch den Einbau einer Glöcknerstube. Das Freiburger Turmachteck ist einer der Höhepunkte des Bemühens der Gotik um die Auflösung der Wand, um die Reduktion des Baukörpers auf ein Gerüst, zwischen das Maßwerkfüllungen gespannt sind. Dieses Bemühen läßt sich von seinen Anfängen um 1230 in Amiens über das Langhaus von Saint-Denis, die Pariser Sainte-Chapelle bis zum Extremfall von St-Urbain in Troyes verfolgen. Ein präzises Vorbild für die Freiburger Oktogonidee ist bisher unbekannt.

Und auch die Konstruktion einer Pyramide nur aus Rippen und Maßwerkfüllungen ist vor Freiburg nicht nur in Frankreich unbekannt. Zwar gibt es gelegentlich Helme mit Dachöffnungen (etwa als Schlitze in den Helmen der zerstörten Kirche St-Nicaise in Reims oder als Fünfpässe an den Pyramiden der Kathedrale von Sées, Abb. 6), doch kein in Beschreibungen oder Abbildungen überlieferter oder gar erhaltener Turmaufsatz reduzierte seine Schutz- und Dachträgerfunktion so extrem wie der in Freiburg. Vermutlich hat unser Meister die Idee der Durchlichtung hier zu ihrem Höhe- und Endpunkt geführt! Seine Leistung hat Werner Gross[25] fast lyrisch nachempfunden:

> Die französische Gotik ist in Freiburg gleichsam neu gedichtet worden, hier im alemannischen Grenzland, wo beide Völker sich grüßen können. Die nordabendländische Baukunst hat sich in dieser Begegnung vielleicht zu ihrer sublimsten Leistung aufgeschwungen.

[25] Werner Gross: Die abendländische Baukunst um 1300, S. 133.

Abb. 10 Magdeburg, Dom: Brunnenhaus am Kreuzgang

So sublim war die Freiburger Kombination aus licht- und lufterfülltem Achteck und offenem Turmhelm, daß keiner der zahlreichen Nachahmer (Westtürme des Kölner Domes, Westturm des Ulmer Münsters, Nordturm des Straßburger Münsters, Georgsturm des Basler Münsters, usw.) sie erreichte oder gar übertraf. Der Renaissance-Liebhaber Jacob Burckhardt notierte: »Freiburg allein besitzt das Kleinod (unter den Türmen der Gotik), und das soll ihm nicht genommen werden.«

Eine ebenso detaillierte wie schlüssige Deutung des Freiburger Turmwunders steht trotz der Bemühungen von Heinrich Lützeler aus, sie kann hier auch nur im Ansatz vorgestellt werden. Mittelalterliche Bauten sind – über die Funktion ihrer Einzelteile, hier: ihrer Geschosse hinaus – durchweg und in betonter Weise Träger von offenkundigen Mitteilungen und/oder verschlüsselten Botschaften.[26] Also heißt die Frage ganz konkret: An wen wandte sich die Freiburger Bürgerschaft, die bald nach dem Tod des letzten Zähringers (1218) den Weiterbau der Stadtpfarrkirche in ihre Hände genommen haben muß, mittels ihres Kirchturms[27] mit welchen Aussagen? Die naheliegendsten Adressaten waren die Einwohner der Stadt selbst, deren Frömmigkeit, Opferwillen, Leistungsfähigkeit, Selbstbewußtsein und Freiheitssinn der gewaltige Bau dokumentiert. Den Bewohnern des Umlandes und der Nachbarstädte wurde die Tatkraft des aufstrebenden Freiburger Bürgertums signalisiert. Und den Bürgern bzw. den Bischöfen der benachbarten Bischofsstädte Basel, Straßburg und natürlich auch Konstanz, in denen gerade das Stadtregiment und die Verfügungsgewalt über die Dombaustellen in die Hände der

26 Vgl. u.a. Günter Bandmann: Mittelalterliche Architektur als Bedeutungsträger, Berlin 1951; Adolf Reinle: Zeichensprache der Architektur. Symbol, Darstellung und Brauch in der Baukunst des Mittelalters und der Neuzeit, Zürich/München 1976, S. 191 ff.

27 Anregungen zur Deutung von Türmen finden sich bes. bei Magda Révész-Alexander (Der Turm als Symbol und als Erlebnis, Den Haag 1953), bei Wolfgang Beeh (Zur Bedeutungsgeschichte des Turmes, in: Jahrbuch für Ästhetik und Allgemeine Kunstwissenschaft 6, 1961, S. 177 ff.), bei Peter Anstett (Der Kapellenturm in Rottweil, in: Schwäbische Heimat 20, 1969, S. 205 ff.) und auch bei dem – die Weltgeschichte der Baukunst in den Blick nehmenden – Büchlein »Der Turm des Freiburger Münsters« (Freiburg i.Br. 1955) von Heinrich Lützeler.

Bürger übergegangen waren oder übergingen, wurde Konkurrenz gemacht. Zwar nur mit einem Turm, allerdings mit einem, der für Johann Nepomuk Müller 1839[28] »in seinen großen Massen einfach, aber reich und schön geschmückt, mit der künstlich gebauten und gezierten Pyramide, die kühnste Höhe« bezeichnete, »zu der sich die deutsche Baukunst in jener Zeit emporgeschwungen hatte.«

28 Johann Nepomuk Müller: Führer durch die erzbischöfliche Dom- und Münsterkirche zu Freiburg im Breisgau. Eine kurze Darstellung des Merkwürdigsten in und an derselben, Freiburg i.Br. 1839, S. 15.

Kleine Freiburg Reihe
Ingeborg Hecht
In tausend Teufels Namen
Hexenwahn am Oberrhein
Rombach
Kleine Freiburg Reihe
Die Kleine Freiburg Reihe des Rombach Verlags:
Wir machen uns für die REGIO stark!
Ingeborg Hecht
In tausend Teufels Namen
Hexenwahn am Oberrhein
102 S., Pb.
13,7 × 20 cm
€ 12,–
ISBN 3-7930-9407-3
Kleine Freiburg Reihe
Anton Müller
Freiburger Mundart ABC
Rombach
Anton Müller
Freiburger Mundart-ABC
153 S., Pb 13,7 × 20 cm
€ 12,–
ISBN 3-7930-9422-7
Neues von Rombach finden Sie unter
www.rombach.de/buchverlag
Unterwerkstraße 5, 79115 Freiburg
Telefon 07 61 / 45 00-2135, Fax 07 61 / 45 00-2125
info@buchverlag.rombach.de
ROMBACH VERLAG